自媒体运营和自明星打造108招

胡华成 编著

清华大学出版社
北京

内 容 简 介

本书内容为 400 万粉丝喜爱的自媒体大咖的经验分享，20 万付费会员正在学习的自明星运营技巧，教你打造自媒体爆款大号、精准引流找到忠实的用户、打造优质内容成为炙手可热的自明星。

本书作者为头条号、新浪号、微博号、公众号、简书号、百家号等 18 家自媒体平台签约作家，倾情分享从自媒体升级到自明星所需的运营技能，共 108 个技巧，具体内容包括自媒体的定位、自明星的分析、超级 IP 的打造、自媒体的写作、自媒体的引流、自媒体的变现等，以微信朋友圈、公众号、今日头条、抖音短视频运营，手把手教学，让零基础的读者也能运营好自媒体，成为百万大号的自明星。

本书适合人群：初入自媒体行业的运营新手，希望成为自明星的创业者，各行各业专门从事宣传、推广和营销的人员，各类培训机构以及大专院校相关专业的师生。只要你想运营自媒体，成为自明星，从这本书里都可以找到路径和方法，而且还能帮你快速落地。

本书封面贴有清华大学出版社防伪标签，无标签者不得销售。
版权所有，侵权必究。举报：010-62782989，beiqinquan@tup.tsinghua.edu.cn。

图书在版编目(CIP)数据

自媒体运营和自明星打造 108 招/胡华成编著. —北京：清华大学出版社，2020.6(2021.5 重印)
ISBN 978-7-302-55370-0

Ⅰ. ①自… Ⅱ. ①胡… Ⅲ. ①网络营销 Ⅳ. ①F713.365.2

中国版本图书馆 CIP 数据核字(2020)第 068462 号

责任编辑：张　瑜　杨作梅
装帧设计：杨玉兰
责任校对：李玉茹
责任印制：刘海龙

出版发行：清华大学出版社
　　　　网　　　址：http://www.tup.com.cn, http://www.wqbook.com
　　　　地　　　址：北京清华大学学研大厦 A 座　　邮　　编：100084
　　　　社 总 机：010-62770175　　　　　　　　邮　　购：010-62786544
　　　　投稿与读者服务：010-62776969，c-service@tup.tsinghua.edu.cn
　　　　质量反馈：010-62772015，zhiliang@tup.tsinghua.edu.cn
印 装 者：小森印刷霸州有限公司
经　　销：全国新华书店
开　　本：170mm×240mm　　印　张：15.5　　字　数：372 千字
版　　次：2020 年 6 月第 1 版　　　　　　　　印　次：2021 年 5 月第 2 次印刷
定　　价：49.80 元

产品编号：069807-01

推 荐 序

信息技术的迅猛发展和深度应用，为人们的生产、生活和生命带来了空前的变化，催生了人类社会一场新的变革。

在这场席卷全球的信息革命中，一个空前广阔、博大、链接万物的网络空间应运而生，并且随着技术的演进而不断膨胀拓展，几乎把所有人(未来还可能把所有物)都裹挟进来，人人都不可避免地成为这个网络空间的一个节点，寄生其中，概莫能外。

自媒体，就是这个浪潮催生的一个崭新物种。在网络世界，人人都能通过网络发声，并且依靠网络构建起自己的一个粉丝体系。

未来，随着网络空间的深度构建，这个粉丝体系还将演化成为一个庞大的网络节点矩阵，产生巨大的能量。

自媒体是方向、是趋势、是浪潮、是商机，由自媒体而构建的粉丝体系数量越多、互动越频繁、信息质量越高，这个体系所代表的商业价值就会越大。

那些站在时代潮流前端的弄潮儿们，敏感地洞察了这一先机，纷纷投入到这场浩瀚的变革中，既变革世界，也改变自身，还改写命运！

胡老师是我的一位好友加老师，他敏锐的发展眼光、精湛的专业修为以及过人的商业头脑，每每令人惊叹。

尤其是他的一系列独到见解，大都来自他建立和运营自媒体矩阵的实践探索，所撰写的很多关于自媒体的文字，发人之所未发，见人之所未见，实在是一部信息时代自媒体运营的高端著作。

书中所列各种自媒体发布平台、自媒体创作技巧、自媒体运营技巧，都是不可多得的经验之谈。特别是富有大量实战案例和详细剖析，对每位志在从事自媒体的工作者，都是大有裨益的借鉴参考之作。相信读者通盘阅读之后，必定受益匪浅，顺利打开自媒体职业大门。

和胡老师相识多年，他和善的态度、卓绝的头脑、大开大阖的气度，对网络和自媒体的洞见把握，在当今中国乃至世界同行中都是少有的。

时代在发展，社会还在进步，当今中国已经走在了互联网应用的世界最前端，关于自媒体的理念、实践和商业模式已经遥遥领先于其他国家。

相信胡老师必能独赝重任，开一时之先，既为读者也为社会，更为人类信息文明演进，开出一条堂堂大道来！

《中国式谋略》作者　宁博士

前　言

1. 自媒体时代到来了

在追求个性化与创意化的今天，人们对于精神的要求越来越高，也更加愿意去表达自己，自媒体就给人们提供了这样的机会。与在电视荧幕上展现自己魅力的明星不同，人们通过自媒体、文字表达自己的观点，通过视频展现自己的优势，也可以通过分享自己的经验找到与自己志同道合的朋友。自媒体时代就这样潜移默化地改变着人们的生活，成为生命中不可或缺的一部分。

2. 自媒体成为创业者的机会

在任何时代，机遇与挑战总是并存的。而自媒体时代似乎拥有更多的机遇，作者从保险代理人变成自媒体大咖，一路走来不断地升华自己，并将自己的经验与自媒体很好地结合起来，打造了 HR 商学院，成为自媒体全网创业的佼佼者。现在，作者已经成为 18 个自媒体平台的签约写手，并通过自媒体把自己的经验分享给更多人。

3. 自明星是大势所趋

自媒体时代不断发展，个人自媒体不断成熟，"自明星"这个词开始出现在人们的视野当中。在人人都可以运营自媒体的时代，如何才能成为自明星呢？作者通过回顾自己的亲身经历总结出了 108 招，让自媒体在运营时不再迷茫，不做无用功。自明星是自媒体时代的产物，也是大势所趋。正如作者亲身验证的一句话——只要你有计划、够持续、能坚持，就一定能收获意想不到的结果。

本书主要围绕自媒体的 10 个方面，如自媒体的定位、自明星的分析、超级 IP 的打造、自媒体的写作、自媒体的引流、自媒体的变现等，以及朋友圈、微信公众号、今日头条、抖音短视频的运营，帮您成功运营自媒体、打造自明星出谋划策。

本书由胡华成编著，参与编写的人员还有蔡文捷等人，在此表示感谢。由于作者知识水平有限，书中难免有疏漏之处，恳请广大读者批评指正。

编　者

目 录

第1章 自媒体的定位：精准打造，不做无用功 ... 1
- 001 初步认识——多方面了解自媒体 ... 2
- 002 定位目的——坚定信念谋长久发展 ... 4
- 003 自我定位——明确你扮演的角色 ... 5
- 004 用户定位——找寻你的目标受众 ... 7
- 005 方向定位——点亮你的指路灯 ... 9
- 006 内容定位——拥有上万粉丝的关键 ... 9
- 007 产品定位——自媒体运营的核心 ... 11
- 008 名称定位——重视你的第一印象 ... 13
- 009 渠道定位——适合自己才是王道 ... 15
- 010 目标定位——有目的地才能起航 ... 17
- 011 模式定位——确定你的运营方式 ... 17

第2章 自明星：用心修炼，成为明星不是梦 ... 21
- 012 初步认识——多方面了解自明星 ... 22
- 013 深度了解——适合做自明星的人群 ... 24
- 014 形成条件——如何变为成功的自明星 ... 25
- 015 形象包装——注重自明星的外在印象 ... 26
- 016 重视用户——六大技巧提高用户黏度 ... 27
- 017 必备能力——修炼完善自身加速成长 ... 31
- 018 成功要素——明确做好自明星的法则 ... 33
- 019 经营模式——打造自明星品牌的关键 ... 36
- 020 价值输出——做好自明星的商业打造 ... 38

第3章 超级IP：快速成长，决胜自媒体时代 ... 45
- 021 取胜之道——超级IP掘金必备能力 ... 46
- 022 4个步骤——打造超级IP的必经之路 ... 50
- 023 5种策略——超级IP内容创业必备法宝 ... 54
- 024 5种方式——个人品牌爆款IP的盈利模式 ... 61

025	4个技巧——成就高端超级IP品牌	63
026	3个准则——让超级IP爆红的利器	65
027	4个痛点——正确引导超级IP内容营销	66
028	认知误区——理性看待超级IP的实质	68

第4章 自媒体的写作：掌握技巧，轻松写爆文 …… 71

029	文案爆款标题的9个特点	72
030	文案标题评估的6个标准	75
031	写好爆款标题的7种思路	77
032	文案标题写作的5个误区	79
033	爆款文案开头的5种类型	82
034	爆款文案结尾的4种方法	83
035	用切身利益吸引用户关注	86
036	打造高营养有价值的内容	88
037	多总结金句抓住用户眼球	89
038	用短句打造文案阅读节奏	91
039	搜集文案素材的5大网站	92

第5章 自媒体的引流：加速吸粉，成为百万大号 …… 97

040	利用文案推广引流	98
041	策划活动吸粉引流	99
042	大号互推进行引流	102
043	朋友圈分享引流	104
044	举办征稿大赛引流	105
045	发起网络大赛引流	106
046	开设线上微课引流	107
047	利用二维码引流	108
048	利用超级话题引流	110
049	搜索关键词引流	111
050	利用平台引流	115
051	利用社群引流	116
052	互动游戏引流	118
053	资源诱导引流	119

第6章 自媒体的变现：12种方法，走向财富之路 …… 121

| 054 | 平台订阅变现 | 122 |

- 055 在线教学变现 124
- 056 点赞打赏变现 125
- 057 签约作者变现 127
- 058 问答咨询变现 128
- 059 利用广告变现 129
- 060 冠名赞助变现 131
- 061 付费会员变现 132
- 062 内容稿费变现 133
- 063 平台补贴变现 135
- 064 品牌融资变现 136
- 065 代理运营变现 137

第7章 朋友圈：水到渠成，成功营销并不难 139

- 066 巧用头像当首选广告位 140
- 067 在昵称中体现独特理念 142
- 068 个性签名展现最佳魅力 144
- 069 巧用便捷功能管理用户 147
- 070 控制朋友圈文案长度 149
- 071 巧妙晒单晒好评引关注 151
- 072 朋友圈多传递正能量信息 153
- 073 加强与用户之间的互动 155
- 074 维护好与老用户的关系 156
- 075 做有心人增加好感度 157
- 076 避免误区做朋友圈赢家 159

第8章 微信公众号：12个技巧，成就公众大号 165

- 077 公众号的种类与功能 166
- 078 认证公众号的方法 167
- 079 打造原创大号的方法 169
- 080 四大经典文案类型 170
- 081 选择最佳展示方式 172
- 082 摘要简明引人注目 173
- 083 长图文增强阅读体验 174
- 084 封面配图引发兴趣 175
- 085 人格魅力征服用户 177

	086	活用功能进行推广	180
	087	内容排版不容忽视	182
	088	公众号广告投放类型	184

第9章 今日头条：11个技巧，你写的就是头条 189

	089	三种不可缺少的认证方式	190
	090	三大保护原创版权的优势	192
	091	五大政策加速头条变现	194
	092	两大数据把握用户偏好	197
	093	内容审核规范发文零失败	198
	094	消重与推荐发文就是头条	201
	095	美图作封面吸引关注	205
	096	双标题对比加速成长	207
	097	头条号独家首发最重要	209
	098	头条号文章内容编辑要点	209
	099	参与平台活动一举两得	211

第10章 短视频：助力突围，打造抖音热门 213

	100	短视频的七大优势	214
	101	五个原则打造视频效果	216
	102	十个技巧拍摄优质视频	219
	103	五大要求制造热门视频	221
	104	十大热门内容帮助策划	222
	105	五种内容形式助力营销	225
	106	视频发布的五个优化技巧	227
	107	适合短视频营销的五大行业	230
	108	提高营销效果的七种玩法	234

第1章

自媒体的定位：精准打造，不做无用功

学前提示　在网络中，要想自己开创的事业能长期、健康地经营下去，首先要做好自媒体定位。准确的运营定位能够坚定自我，朝着一个既定方向发展成为自明星和超级 IP。本章围绕自媒体定位，从 11 个方面进行具体介绍，让你明白怎样才能使自媒体走向成功。

要点展示

▶ 初步认识——多方面了解自媒体
▶ 定位目的——坚定信念谋长久发展
▶ 自我定位——明确你扮演的角色
▶ 用户定位——找寻你的目标受众
▶ 方向定位——点亮你的指路灯
▶ 内容定位——拥有上万粉丝的关键
▶ 产品定位——自媒体运营的核心
▶ 名称定位——重视你的第一印象
▶ 渠道定位——适合自己才是王道
▶ 目标定位——有目的地才能起航
▶ 模式定位——确定你的运营方式

001　初步认识——多方面了解自媒体

自媒体是一种私人化性质的传播介质，通常以个人为单位，依靠手机、电脑等简单工具，结合微信、微博、贴吧、网络平台等就可以进行操作运营，具有简易化和自主化的特点。下面笔者将从3个方面介绍自媒体的相关知识，帮助读者了解自媒体。

1. 自媒体的三大特点

自媒体的主要特点凸显在一个"自"字上——自我、自由、自主，利用现代化手段和平台传播信息，可以简单地看作一个"个人媒体"。具体说来，自媒体的特点有3个：一是私人化，通常以个人为单位运营；二是简易化，在手机、电脑上就可操作；三是自主化，不受他人思想的指挥和控制。

2. 自媒体的类型和平台细分

自媒体给人的直观感受就是单个人的媒体，但其实它背后的操作有个人，也有团队，并且操作的平台和盈利模式都大不相同。自媒体类型的细分如图1-1所示。

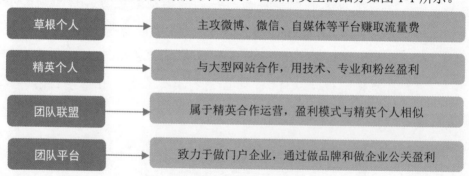

图 1-1　自媒体的 4 种类型及盈利方式

对自媒体平台认识不深的人，印象里大概只有微博、微信、QQ 这些比较初级的个人平台。从图 1-1 可知，自媒体的运营还有团队化、企业化和网站合作化的模式，相应地就会有与之配套的自媒体平台。笔者的新媒体平台包括头条号、新浪号、微博号、公众号、抖音号等 20 多个平台，全网粉丝达到 400 多万，全媒体影响力超 20 亿，如图 1-2 所示。

下面介绍 5 种不同类型的平台。

- 视频平台：比如抖音、火山小视频、快手等。
- 语音平台：比如喜马拉雅、蜻蜓 FM 等。
- 网站平台：比如今日头条、一点资讯、网易、搜狐、简书等。
- 微博平台：比如新浪微博、腾讯微博、网易微博、搜狐微博等。

- 微信平台：比如微信自媒体、微信朋友圈、小程序等。

图1-2　笔者运营的自媒体平台

3．自媒体的四大优势

自媒体已经成为人们讨论的热门话题，变得越来越大众化，那么做自媒体行业究竟有哪些优势呢？下面就为大家进行具体分析。

> **专家提醒**
>
> 个人自媒体是自媒体经营的最初级模式，个人自媒体与团队自媒体之间存在着不公平的竞争，但也存在着合作，当个人自媒体发展到一定程度后，团队化、企业化也是自媒体必然的趋势。

1) 曝光量大

一个自媒体人可以通过自媒体平台的曝光，拥有几万甚至几十万粉丝。比如抖音上的"西瓜妹"，在"网红脸"让大众审美疲劳的时期，她通过一则发布在抖音平台的短视频，用清纯可人的形象引发了大众的关注，从开始的少数粉丝量飙升到百万粉丝，到现在已经拥有了500多万的粉丝，这就是自媒体曝光量大的体现。

2) 能够带来盈利

自媒体人受到大众关注之后，就会有企业找他进行合作。自媒体人不仅可以通过给企业发广告软文来获利，还可以用自己的影响力进行粉丝商业变现。自媒体高盈利的特点也是很多人趋之若鹜的原因。

3) 打造个人IP

个人IP的打造不是发个图文或者动态就能形成的，比如"papi酱"在没火之前也不能打造个人IP，因为个人IP必须是有粉丝量、有影响力的自媒体人才可以打造的。

4) 拥有高权重

权重是通过各个平台的平台指数反映出来的，如原创度、健康度以及与粉丝的互动程度。这些指数越高，权重就会越高。权重还有另一个诠释，比如在论坛上发一个帖子，不一定能获得展示的机会，没有人在下面顶帖就很容易石沉大海，所以论坛的权重相对来说是比较低的。而在自媒体平台上发布的文章比较完整，无论是通过标题还是内容增加吸引力，都有更多的机会被用户关注。

002 定位目的——坚定信念谋长久发展

新手自媒体在开始自己的运营之路时，看着别人的自媒体事业做得风生水起，可自己的却一片混乱，这个时候他们就会感到迷茫，会生出："为什么我做的自媒体不受欢迎啊？""咦，好像他的自媒体挺火的，我要不要也去模仿一下啊？"等类似的各种疑问。换了方向之后，状况却还是跟之前的一样，便开始对自己产生怀疑。

其实自媒体新手会出现这样的情况，很大一部分原因是没有对自己的事业进行一个详细的规划就盲目开始了。因此，在开始着手做任何事之前，都要做好各方面的明确定位。

1. 理性做自己，不盲目跟风

新手自媒体在刚开始走上运营之路时，如果不事先对自己进行定位就很容易被其他人的行为所左右，从而盲目跟风、人云亦云、随大溜，找不到适合自己的正确道路。例如，在选领域时，哪个领域火自己就去做哪个领域，完全不结合自身去思考是否适合自己、是否有经营这个领域的优势。在经营了一段时间后才发现自己并不适合且不喜欢经营这个领域，最后放弃再去选择另一个市面上的"爆款"领域经营。

因此，如果想要避免这种跟风情况的出现，找到适合自己的领域，就应该进行定位。克服自媒体盲目跟风的好处有两点：一是可以找到适合自己的领域；二是能在适合自己的领域长期坚持下去。

2. 找自身优势，谋长久发展

找出自己的优势也是进行自媒体定位的目的之一。因为开始做一件事情之前如果能找出自己做这件事所具备的优势，然后再充分地运用优势，那么事情做起来就会更顺利。

在自媒体工作中找准自己的优势有以下3个好处。

(1) 能提高自己的工作信心。

(2) 会提高工作的专注度和持久度。

(3) 进一步提升自己的工作效率。

3．坚定信念，不轻言放弃

很多自媒体新手在刚入行时因为没有给自己进行明确的定位，所以在运营过程中就会容易出现不专注、不能坚持的现象。这种不专注和不够坚持主要体现在两个方面：一是容易受到外界的干扰；二是做事情没有恒心。

如果容易受到外界的干扰，那么他在经营自媒体的过程中就会出现做事三分钟热度、对自己没信心的情况，不能坚持下去，半途而废。更有甚者想重新换一种产品或者干脆完全放弃自媒体这份事业，那么他前期的努力就都白白浪费了。

因此，在开始自己自媒体事业的时候进行自我定位是非常必要的，它能够让人专注于自己的自媒体工作而不受外界干扰，能在遇到挫折时不轻言放弃。

专家提醒

自媒体在前期工作中会遇到各种各样的困难，如果入行时没有针对自身做好各方面的明确定位，那么很容易坚持不下去。所以，每个跨进自媒体行业的人前期都应进行定位。这样才能在遇见困难时从容面对，跨过自媒体运营道路上的每一个坎，更好地迈向成功。

003　自我定位——明确你扮演的角色

做一件事情前，要先想清楚自己在这件事情中扮演的角色是什么，自己应该站在什么位置，找准角色跟位置才能正确发力，从而将事情做得成功而出色。

自媒体的自我定位也是一样，每个自媒体人在开始自己的创业之路时都要先想好自己的角色是什么，自己应该从哪一个位置开始。这样才能有一个好的开端。

1．3种选择，明确个人角色

一般来说，自媒体可以分为个人自媒体、团队自媒体、品牌自媒体三大类。自媒体选择个人角色，是指在自媒体入行前要先确认是自己单干还是加入团队，或者是代理品牌。

每种类型的自媒体都有其主要的工作内容及所需具备的能力。下面就针对每种类型的自媒体做一个简单的分析。

1）　个人自媒体

如果选择自己单干，就是个人自媒体，他的主要工作内容跟重心就是以个人自媒体宣传为主，对于他个人的能力要求也就较低。自己单干的自媒体主要工作内容和应具备的工作能力如图1-3所示。

如果在刚入行的时候选择自己单干，那么主要的工作内容就是学习做自媒体的工作内容和工作流程，慢慢积累自己的经验。同时也要具备一些沟通、产品宣传、获取流量等基本能力。

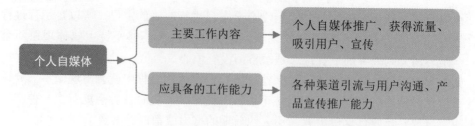

图1-3 个人自媒体主要工作内容和应具备的工作能力

2) 团队自媒体

如果选择创建团队,那就是团队自媒体。团队自媒体相对于个人自媒体而言,需要具备的商业经验以及个人能力要丰富些。团队自媒体的主要工作内容和应具备的工作能力包括以下方面,具体如图1-4所示。

图1-4 团队自媒体主要工作内容和应具备的工作能力

如果选择创建团队,那么就需要具备一定的团队管理能力。因为一个团队管理得好坏会直接影响到整个团队的发展。团队自媒体的主要工作是以招募、培养、管理代理为主,不断壮大队伍,增强个人及团队的影响力。

专家提醒

如果要创建一个自媒体团队,除了工作能力要杰出外,同时也要注重自身人格魅力的培养与提升。团队管理者拥有自身人格魅力,团队的成员才更容易被你所号召,团队才会更有凝聚力。

3) 品牌自媒体

如果选择创建自媒体品牌,那就是品牌自媒体。需要清楚的是,品牌自媒体是你从事自媒体行业的目标,还是你已经具备品牌自媒体该有的实力。

如果你是将品牌自媒体作为奋斗的目标,那么就应该从前期的个人自媒体或者团队自媒体开始慢慢积累实力,为未来做铺垫。

如果你已经具备品牌自媒体该有的实力,那么就要努力做好品牌自媒体。品牌自媒体主要的工作内容和应具备的工作能力如图1-5所示。

上述的自我定位主要是选择好在自媒体道路中的起始点，这个定位可以从自身的实际情况出发，选择适合自己的即可。

图 1-5　品牌自媒体主要工作内容和应具备的工作能力

2．两大方向，帮助自我定位

要到达目的地，选择正确的出发方向是十分重要的，成语"南辕北辙"就很好地说明了这一点。如果选择的出发方向不对，那么你走得越快越远，也只是更加背离了自己的目标。在开始自己的自媒体之路时，选择自己的出发方向可以从以下两点做起。

首先，选择自己的方向可以从自身的兴趣出发。杨振宁曾说过："成功的秘诀在于兴趣。"，由此可见兴趣的重要性。兴趣是最好的原动力，在选择方向时如果能从自己的兴趣出发，那么他的自媒体之路将会充满乐趣，不容易感到疲累，更不会轻易放弃。

其次，自媒体在选择个人方向时也可以从自身优势出发。优势会使自己比别人在同一领域更容易获得成功。这种优势包括两方面，一是自身的特长优势，就是你擅长什么，二是自己的资源优势。两方面的优势都可以更顺利地帮助自己走上自媒体之路。

将个人兴趣或特长与自己的自媒体事业结合起来，以兴趣、特长为推动力，这样自媒体的经营之路才会越走越顺畅、越走越远，最终获得成功。

004　用户定位——找寻你的目标受众

在企业的自媒体运营中，确定明确的目标用户是其中至为重要的一环。只有准确地进行用户定位，才能顺利开展接下来的工作，解决未来道路上可能会出现的问题。而在进行平台的用户定位之前，首先应该做的是了解自媒体平台针对的是哪些人群、他们具有什么特性等问题。

关于用户的特性，一般可细分为属性特性和行为特性两大类，具体分析如图 1-6 所示。

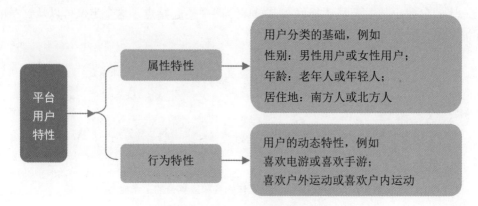

图1-6 平台用户特性分类分析

在了解用户特性的基础上,接下来要做的是怎样进行用户定位。在用户定位全过程中,一般包括3个步骤,具体内容如下。

(1) 数据收集。可以通过市场调研等多种方法来收集和整理平台用户数据,再把这些数据与用户属性关联起来,如年龄段、收入和地域等,绘制成相关图谱,就能够大致了解用户的基本属性特征。图1-7所示为某产品的用户年龄段分析。

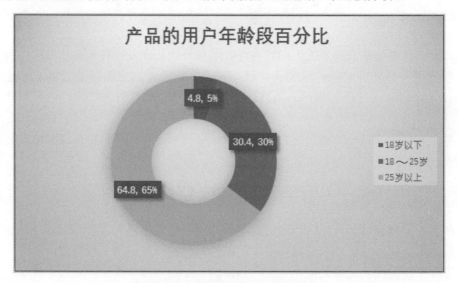

图1-7 某产品的用户年龄段分析

(2) 用户标签。获取了用户的基本数据和基本属性特征后,就可以对其属性和行为进行简单分类,并进一步对用户进行标注,确定用户的可能购买欲和可能活跃度等,以便在接下来的用户画像中对号入座。

(3) 用户画像。利用上述内容中的用户特性标注,从中抽取典型特征,完成用户的虚拟画像，构成平台用户的各类用户角色，以便进行用户细分。

005 方向定位——点亮你的指路灯

在自媒体运营中，首先应该确定的是，企业所要运营的平台是一个什么类型的平台，以此来决定平台的基调。

平台的基调主要包括 5 种类型，分别是学术型、媒体型、服务型、创意型、恶搞型。在做好平台定位时，应该根据自身条件的差异选择具有不同优势和特点的平台类型，具体分析如图 1-8 所示。

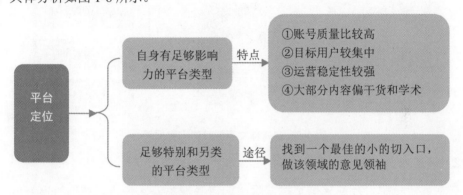

图 1-8 平台定位分析

在自媒体运营中，企业、机构和个人公众平台运营者可通过以下 5 种途径实现定位，即网红、"90 后"创业奇才、行业意见领袖、BAT 背景、学术范。

另外，在定位平台方向、选择何种平台类型的同时，还应该对平台的自定义菜单进行相应规划，以便能够清楚地告诉用户"平台有什么"。对自定义菜单进行规划，究其实质，就是对自媒体平台功能进行规划，它可从 4 个维度进行思考和安排，分别是目标用户、用户使用场景、用户需求、平台特性。

值得注意的是，做好平台方向定位是非常重要的，要慎重对待，因为只有做好平台方向的定位，并确定其基调，才能做好下一步要进行的用户运营和内容运营策略，最终促成平台更好地发展。

006 内容定位——拥有上万粉丝的关键

所谓"内容定位"，即企业自媒体平台能够提供给用户什么样的内容和功能。这是吸引用户的关键，用优质的内容将用户吸引过来之后，要继续把控好内容的质量和方向，维持好现有用户的数量，并源源不断地吸引更多的用户。在平台运营中，关于内容的定位这一问题主要应该做好 4 个方面的工作，以下是对于每个方面内容的具体分析。

1. 确定内容的发展方向

确定内容的发展方向是平台内容供应链初始时期的工作，是做好内容定位的前提和准备。也就是说，通过最初的初始化阶段的内容构建，从而形成整体内容框架，以便填充文案的核心内容部分。这是一个环环相扣的过程，也是自媒体运营中进行自我优化的重要方式之一。其中，关于整体内容框架，笔者建议从两个方面着手，即内容的架构和要注意的问题，具体分析如图1-9所示。

图1-9 自媒体文案的整体内容框架

2. 确定内容的展示方式

在内容定位中，还应该确定运营阶段的内容展示方式。在打造优质内容的支撑下，怎样更好地展示平台内容，逐步建立品牌效应，是实现平台影响力扩大的重要条件。关于平台优质内容的展示方式，一般分为4种，如图1-10所示。

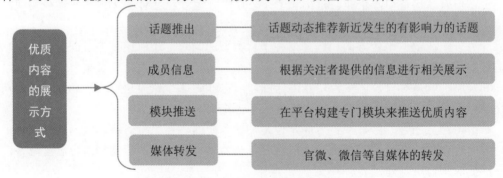

图1-10 优质内容的展示方式分析

3. 确定内容的整合方式

在内容展示过后，接下来更重要的是要了解内容的整合方式，以便集结同类优质内容。具体说来，内容整合的方式有3种，具体分析如图1-11所示。

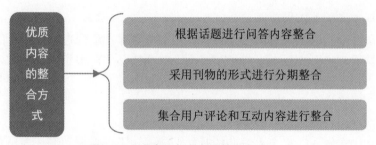

图 1-11 明确平台内容的整合方式

4. 确定内容的互动方式

除了应做好初始阶段和运营阶段的内容定位外，还应该确定宣传阶段的内容定位，即怎样进行平台内容互动的问题。

企业与用户进行交流，更有利于自媒体平台内容的传播，用户的接受能力也更强，从而加深用户对于自媒体平台的信任度和支持度。在明确内容的互动方式的内容定位过程中，需要把握几个关键点，如图 1-12 所示。

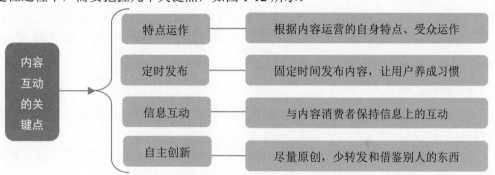

图 1-12 把握平台内容互动方式的关键点分析

007 产品定位——自媒体运营的核心

选择自己想要经营的产品是生意人应该认真思考的，自媒体也不例外。产品是整个经营事业的核心，好的产品也是维系自媒体与用户良好互动关系的载体。选择一款好的、对的产品对自己的自媒体运营来说是极为重要的。自媒体产品的选择需要考虑以下 3 个要点。

1. 定位产品的两大前提

新手自媒体在选择自己要运营的产品时，通常会比较纠结。因为市面上的产品不多，不知该如何选择。其实自媒体在选择产品时只要掌握以下两个策略，即可轻松找出自己要运营的产品。

1) 把市场需求作为前提

有市场才会有需求,需求带动销售。新手自媒体在选择自己要经营的产品时,也可以从市场需求方面去思考。先了解市面上哪些产品的需求量大,然后以用户需求为主要决策点,选择那些产品需求量大、需求人群多的产品。也可以理解为,什么东西买的人多就选择什么,一切以市场为主。

2) 把兴趣特长作为前提

在之前讲自媒体选择个人方向的时候,就讲到了以兴趣和特长为出发点,也说了兴趣与特长对自媒体道路的意义。在选择自己经营产品时,还是要以自己的兴趣和特长为前提,选自己喜欢、感兴趣的或者是自己有优势的产品去运营。

有兴趣的产品能激发自媒体的积极性,能使自媒体更具上进心。例如,一个新手自媒体本身对皮肤护理、化妆品领域比较感兴趣,那么他(她)在选择自己运营的产品时就可以从这方面出发,护肤品、面膜、彩妆等都是不错的选择。

而特长,则是指自己对某一类产品有一定的了解,或者有这方面相关的人力、物力资源可以依靠。例如,如果一个人在选择做自媒体之前从事较长一段时间的服装行业的销售工作,对服装搭配很擅长,是时尚达人或者在服装行业有一定的人脉资源,能有稳定的各种拿货渠道,那么他(她)选择自己自媒体要运营的产品时就可以考虑服装类。

2. 衡量产品的4个因素

自媒体在选择产品时除了要考虑自身与市场的前提外,还要对产品本身情况做一个思考。对产品需要考虑以下几个方面。

(1) 产品质量的好坏决定了客户对产品的满意度,同时也对自媒体的口碑有很大影响,选择一款质量上乘的运营产品是每个自媒体都应该做到的。

(2) 产品性价比是客户在选择商品时会考虑的一个重要因素,性价比的高低会决定客户对产品的整体满意度。如果产品是日常必需品,那么性价比就会对客户的回购率产生一定影响。所以,自媒体要根据自身经营的情况、服务的消费人群等将产品性价比纳入考虑范围之内。

(3) 产品需求量的大小会决定自媒体的产品销售量,同时也会影响客户的重复购买率。需求量大的产品对于初期自媒体创业者来说是比较适合的。

(4) 产品的市场占有率是指自媒体所运营的产品在市场里多不多,客户可得性强不强。如果产品市场占有率高,就说明自媒体的市场竞争力比较大,自媒体就应该对产品的质量严加把关,并且对客户的服务要做好,才会更具竞争力。如果产品市场占有率低,那么竞争性就低。这也从反面说明了产品需求者少,自媒体就要着重于产品、客户服务质量的提升。

3. 找出长期经营产品的 3 个不要

自媒体在进行产品选择时，除了要进行上述两个方面的考虑外，还要谨记以下 3 个不要，这样才能找出适合长期经营下去的产品。

1）不要"三无"产品

自媒体在选择运营产品时一定要注意的一点就是，万万不可售卖"三无"产品。要知道用户对于这种"三无"产品是非常抵触的，如果自媒体售卖这种产品，那么他的自媒体事业也要就此终止了。

而且，售卖"三无"产品是触犯法律的，会受到法律制裁。因此，自媒体在选择产品时一定不要涉及这类产品。

2）不要劣质产品

产品口碑的好坏对自媒体来说是很重要的。对劣质产品，用户的满意度会非常低，客户体验效果就会不好，从而导致客户不会主动向身边的朋友去推荐，最终也达不到产品宣传、口碑提升的目的。

因此自媒体在选择产品时要注重质量把关，确保提供给客户的产品都是优质产品，而不是劣质产品。

3）不要没有前景的产品

产品的市场前景代表着产品的未来预期销量。市场前景好的产品自媒体才能持久地运营下去，而市场前景差或者没有市场前景的产品存在只是短暂的，经过一段时间的运营后，产品销量将会渐渐下滑，甚至无人问津。这时，自媒体又需要重新选择产品，从头开始运营。

有些市场前景不好的产品，在产品刚刚出现在市场之时，潜在的需求者也不会太多。这代表着自媒体在运营这种产品时可获得的收益是不乐观的，很可能经过长时间的运营，却没有换来多少收益。

008 名称定位——重视你的第一印象

要做好自媒体定位工作，如何给自己的自媒体取一个合适的名字是一个不可避免的问题。合适的自媒体名字将会给自媒体运营带来很多好处，主要有 3 点，分别是使自媒体更容易被搜索、使自媒体更容易引流和更好地展现自媒体的服务信息。

因此，在给自己的自媒体取名字时要做到以下两点。

1. 取名要避开的雷区

各大企业或者个人在给自己的自媒体取名时需要注意，千万不可为了过分追求特别、引人瞩目而犯下取名时易犯的错误。经过笔者的综合分析，以下几点是取一个合适的自媒体名称不可踩的雷区，下面将具体分析。

1) 没有搜索关键词

在给自己的自媒体取名时，特别要注意的一点就是关键词。没有关键词的自媒体名称，不容易被搜索群体发现，自媒体的曝光度就会很低，从而影响订阅者的数量。

而有关键词的自媒体名称本身就自带一定的潜在客户群体，当搜索者在进行某一关键词搜索时，如果你的自媒体名称带有这个关键词，那这个自媒体出现在搜索者眼中的概率就会非常大，从而被搜索者关注的概率也会加大。

同时还需注意的是，自媒体名称中嵌入关键词时一定要注意关键词的精准性，关键词越精准被搜索到的概率就会越大。

2) 名称中有生僻字

与名字中没有关键字一样，如果名称中有生僻字同样会影响自媒体的搜索率。毕竟，大部分的搜索者在搜索自媒体时不会去搜索那些有生僻字的自媒体，除非是特意的。如果自媒体中的字太生僻难免会出现别人不认识的情况，而且太生僻了也不容易让人记住。

3) 使用火星文、符号

需要注意的是，在自己的自媒体名称中尽量不要出现火星文和符号之类的字眼。一是火星文、符号出现在自媒体中难免会给人一种不太靠谱的感觉；二是火星文要打出来会比较困难，也比较难记住。当然，如果你的自媒体本身针对的阅读群体就是喜欢火星文这类文化的人群，则另当别论。

2．取名的8个技巧

自媒体的名字很重要，它决定了用户对自媒体的第一印象，一个好的名字会给自媒体带来更多的目标用户，可以说自媒体的名字就如同实体店的名字，要想让用户记住自己的店铺，就必须在取名上下功夫。

下面笔者为大家介绍几种取名方法。

1) 直接式取名

直接式取名法是指直接以企业或者产品名称来为自媒体命名，多用于知名企业或品牌，它有3个优势，分别是用户的识别度高、借助品牌易于传播和便于用户搜索。比如，我们最熟悉不过的当当、新华社、中国移动等，就是采用直接式的取名法来命名自媒体的。

2) 提问式取名

提问式取名在自媒体中比较常见。该方法其实就是从用户的需求角度出发，将自媒体自身所能提供的服务以问题的形式展现给广大自媒体用户。比如名为"吃啥？"的自媒体就是介绍美食的，名为"穿啥？"的自媒体就是介绍衣服和穿着搭配技巧的，而名为"看啥片？"的自媒体自然就是介绍影视作品的。

3) 趣味性取名

随着网络社交的发展，也出现了很多内容定位都朝向新鲜、好玩、有趣等方面的自媒体，这类供用户消遣娱乐的自媒体名称往往充满趣味性，这也是此类自媒体取名的常用技巧，比如冷笑话、十万个冷笑话等。

4) 区域名取名

为本地用户提供服务的自媒体取名时往往会突出名称区域性，这种取名方式就是区域式取名法。它有一个很突出的优势，就是能快速、精准地定位本地用户，如长沙吃喝玩乐、我在衡阳我爱吃等。

5) 百科类取名

百科类的自媒体取名法可以运用在各行各业中，"百科"一词直接向用户展示了自媒体自身的信息资源丰富，并且似乎具有某种"权威性"，如百科知识、糗事百科等。

6) 形象法取名

形象法是利用传统意义上的修辞手法，将企业的品牌或者服务形象化的一种取名方法，常见的以形象法命名的自媒体有篮球公园、拇指阅读等。

7) 企业+领域取名

以企业+领域法命名的自媒体也是十分常见的，这种方法既表现了品牌效应，又精准定位目标用户，如百度电影、百度外卖、豆瓣同城等。

8) 行业名+用途取名

最典型的以行业名+用途的命名法命名的自媒体有电影演出票、法律咨询等。该类取名方法常用于个人或没什么名气的企业的自媒体，通过直接展示行业名来定位用户，直接表现用途来吸引用户。

009 渠道定位——适合自己才是王道

对于自媒体人来说，粉丝数量自然是越多越好。现在网络上可以用来获得流量的平台有很多，各平台的受关注度也会不一样，因此自媒体运营者应该选择最适合的平台。下面主要为大家介绍几个不同的自媒体流量平台。

1. 当下常用的自媒体平台

自媒体运营者如果想要获得更多的粉丝，可以通过在一些主流的流量平台上推送文章的方法来为自己吸粉。下面选择了9个流量平台进行介绍。

1) 今日头条平台

今日头条平台，是张一鸣先生于 2012 年推出的一款个性化推荐引擎软件，它能为平台的用户提供最有价值的各种信息。在今日头条平台上，涵盖的资讯范围非常广，用户能够看见各种类型、领域的资讯内容，以及其他平台资讯上推送的信息。

今日头条从创立之日开始，其用户数量就在不断突破，平台庞大的用户量为自媒体平台的吸粉、引流提供了强有力的支撑。

2) 一点资讯平台

一点资讯平台凭借独特的兴趣引擎技术实现了个性化新闻订阅，基于用户的兴趣提供资讯内容。一点资讯可以借助用户登录时选择的社交软件类型、兴趣频道等收集相关信息，整理成数据资料，然后根据这些资料了解、推测出用户感兴趣的新闻领域。运营者在完成注册、登录等一系列准备工作后，就可以开始运营导粉了。

3) 知乎平台

知乎平台是一个社交化问答平台，它的口号是"与世界分享你的知识、经验和见解"。知乎也拥有 PC 端和移动端 App 两种客户端口，用户需要注册才能登录平台首页。

4) 搜狐平台

搜狐公众平台是搜狐门户下的一个集搜狐网、手机搜狐、搜狐新闻客户端三大资源于一体的平台，所以搜狐公众平台的资源力量是比较充足的。搜狐公众平台凭借搜狐旗下的一系列资源，拥有自身独特的平台优势。

5) 网易平台

网易媒体开放平台是网易旗下推出的一个新媒体平台。在这个平台上，运营者可以利用多种形式软性吸粉引流。但入驻网易媒体开放平台，需要有网易邮箱或者网易通行证。

6) 简书平台

简书平台是一款集写作与阅读于一体的社交型互联网产品，同时也是一个内容分享社区。要想利用简书平台进行引流、商品推广，首先需要有一个简书账号。创作内容和注册账号的快捷方式都在主页上，只需单击即可执行相应操作。

7) 百度百家平台

百度百家平台于 2013 年 12 月正式推出。与此同时，百度百家平台还以百度新闻的流量资源为支撑，能够帮助运营者进行文章推广，扩大流量。百度百家平台上涵盖的新闻有多个模块，如体育版、文化版、娱乐版和财经版等。

据公开的百家号数据显示，百度百家平台开放注册不久，就创下了平台上单篇文章最高收入 6000 多元的成绩。由此可见其受欢迎程度和可观的收益。

8) 大鱼号平台

大鱼号以前的名字是"UC 云观·媒体服务平台"，升级之后的名称为"大鱼号"，是中国资讯平台行业中第一家舆情实时公开展示的平台。该平台上的媒体服务有两部分，分别是订阅号和机构媒体。

9) 企鹅媒体平台

企鹅媒体平台是由腾讯推出的一个媒体平台，又名腾讯内容开放平台。企鹅媒体平台虽然也是由腾讯公司推出的产品，但它与 QQ 公众平台并不是同一个产品。

2．什么平台最适合自媒体人

其实，目前适合自媒体人的主流平台有 7 个，分别是今日头条、大鱼号、网易、搜狐、一点资讯、百度百家以及新浪看点。而主流平台中的今日头条平台无疑是需要重点介绍的。

今日头条平台最大的特点是能够基于数据分析的推荐引擎技术，将用户的兴趣、特点、位置等多维度的数据挖掘出来，然后针对这些维度进行多元化的、个性化的内容推荐。推荐的内容多种多样，包括热点、图片、科技、娱乐、游戏、体育、汽车、财经、搞笑等。

举例来说，当用户通过微博、QQ 等社交账号登录今日头条时，今日头条就会通过一定的算法，在短短的时间内解读出使用者的兴趣爱好、位置、特点等信息。用户每次在平台上进行操作，如阅读、搜索等，今日头条都会定时更新用户的相关信息和特点，从而实现精准的阅读内容推荐。

不算主流但适合自媒体人的平台有两个，分别是趣头条和东方号。其中，趣头条是一款新生代内容资讯 App，已经吸纳了一大批时尚类、生活类、权威媒体、企业组织等类型的自媒体和内容创作方入驻。

东方号则是东方网旗下的自媒体平台，也是一个权威、高效的自媒体平台，特别适合主要做内容而营销不多的自媒体人。

010 目标定位——有目的地才能起航

没有目标的努力注定是白费力气的。只有确立了目标，并为实现目标付诸实践才能更容易获得成功。自媒体人的文案创作和广告推广等运营项目也无不是如此。因此，在进行运营之前，自媒体人应该清楚地知道自己的账号的最终目标是什么，这样才能有努力的方向和坚持下去的信念。

关于自媒体账号的目标，"手机摄影构图大全"微信公众号是做得比较好的。它确定了多个方面的目标。

（1）从对外的目标来看，它致力于与读者共享和为读者贡献最全面、最深入的摄影构图技巧。

（2）从对内的目标来看，它又可分为多个层次，最初是不断推广自己的账号，吸引更多的粉丝关注；其次是打造摄影领域影响力大的新媒体大号，构建 IP 形象，最终在积累足够的粉丝的基础上通过流量和粉丝变现。

011 模式定位——确定你的运营方式

自媒体在做好前面的选择之后，接下来要做的就是选择自己的运营模式。下面将介绍自媒体的 6 个运营模式，以期帮助自媒体运营者更加精准地找到最适合自己的运营方式。

1．个人对个人

自媒体的个人对个人模式也称为 C2C 模式，是指自媒体不断积累粉丝数量，然后通过在朋友圈里发布产品信息，或者通过开通个人微店等形式，将自己运营的产品卖出去。个人对个人的自媒体运营模式具有操作简单、工作内容单一的特征。这种模式是自媒体最基础的一种运营模式。

2．企业对个人

自媒体行业中的企业对个人的模式也称为 B2C 模式，主要指通过企业自媒体平台的服务号对客户提供销售服务。这种模式是个人对个人模式的升级，也是自媒体行业发展的主体趋势。自媒体的企业对个人的模式，是基于个人对个人的模式建立起来的，因此与客户之间会有较深的信任关系。企业对个人模式的优势，主要体现在以下 4 个方面。

(1) 商品管控严。
(2) 产品质量高。
(3) 顾客关系稳。
(4) 流量更集中。

3．线上线下结合

自媒体的线上与线下结合模式也称为 O2O 模式，是指将线下客户体验，与线上客户消费相结合的一种自媒体运营模式。这种自媒体运营模式，比较适合那些想走服务型或者与实体店相结合的自媒体。这种模式具有以下 3 个方面的优势。

(1) 打破时间、地域的限制。
(2) 提高客户体验。
(3) 增强与客户的联系。

4．培养代理

自媒体的代理渠道模式是指自媒体不直接销售产品，而是借助各种社交平台去招募代理、培训代理，打造一个属于自己的代理团队。这种模式具有以下几个特点。

(1) 自媒体的成长速度快。
(2) 管理要求高。
(3) 收益效果好。

5．发展品牌

自媒体的发展品牌模式是指，自媒体自己创建品牌或借助其他企业品牌的一种模式。自媒体自己建立品牌需要其自身具备一定的实力,抓住机会创立自己的品牌。

而借助其他品牌则要求自媒体能够挑选出具有前景的品牌企业,与之建立合作或者品牌代理的关系,借助企业品牌的原有力量去开展自媒体事业。发展品牌模式具有以下3个方面的优点。

(1) 竞争力强。

(2) 收益很好。

(3) 发展趋势好。

6．多种模式混合

自媒体混合模式是指将两种模式结合起来。例如,你可以将个人对个人模式和线上线下结合模式这两种模式结合起来,个人自媒体可以通过开设一个实体店铺,然后借助微信平台同时开设一个微信店铺,让客户在实体店内进行实体体验,然后去线上消费,这种模式结合了两个模式的特点,能够给客户带来更完美的消费体验。这种混合模式具有以下3个优点。

(1) 带给客户更完美体验。

(2) 加强与客户的互动。

(3) 加强客户黏度。

第 2 章

自明星：用心修炼，成为明星不是梦

学前提示　随着移动互联网的发展，自明星越来越火热。自明星一般都具备一定的影响力，拥有一定的用户群体。自媒体也要朝着这个目标去努力，将自己打造成网红自明星，成为自媒体达人。而在成为自明星之前，首先要深入地了解自明星以及自己是否适合做自明星。这也正是本章的主要内容。

要点展示

- ▶ 初步认识——多方面了解自明星
- ▶ 深度了解——适合做自明星的人群
- ▶ 形成条件——如何变为成功的自明星
- ▶ 形象包装——注重自明星的外在印象
- ▶ 重视用户——六大技巧提高用户黏度
- ▶ 必备能力——修炼完善自身加速成长
- ▶ 成功要素——明确做好自明星的法则
- ▶ 经营模式——打造自明星品牌的关键
- ▶ 价值输出——做好自明星的商业打造

012 初步认识——多方面了解自明星

很多人都不了解"自明星",甚至不知道这个概念。下面将会带你初步认识自明星,了解自明星的含义、优势及特点。

1. 自明星的含义

"自媒体"这个概念在我国被大众熟知以后,"自明星"也应运而生。"自明星",顾名思义,就是指自媒体人通过自媒体让自己成为某个领域的名人,并且自明星的价值和潜力要超过一般的自媒体人。

自明星的含义有两个:一是依靠自媒体被大众关注;二是将自己打造成自明星的过程。一般来说,将自己打造成自明星至少有两个前提:①在某个领域要具备有价值的能力;②借助媒体放大自己的能力,从而让更多的人关注自己。

在某个领域要具备价值这一点尤为重要,也就是说,一定要做专注于某个领域的垂直自媒体,才能将自己打造成自明星。比如:自媒体人罗振宇就是专注于知识类领域,通过"罗辑思维"微信公众号的文案吸引了一大批用户的关注,成为自明星。

综上所述,我们可以得知,自媒体和自明星的关联就在于相互依托。那么自媒体和自明星又有哪些区别呢?两者的区别主要体现在4个方面,如图2-1所示。

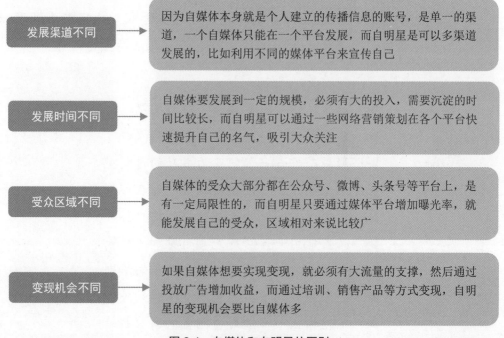

图 2-1 自媒体和自明星的区别

2. 自明星的三大优势

通过自明星的模式来创业已经成为很多创业者的选择，自明星的概念也在创业界引发了热潮。一般来说，任何事物能受到市场欢迎都是有原因的，自明星的模式能受到市场欢迎是因为这种模式有多种极具吸引力的优势。下面就对自明星模式的优势展开叙述。

1) 减少创业成本

与其他创业形式相比，自明星模式的创业成本更低，因为打造自明星的创业成本更偏重于内容输出的质量或自媒体人的颜值，所以金钱的投入反而减少了。比如，"罗辑思维"的运营者罗振宇，就是通过60秒的音频内容吸引用户打开知名度，然后将自己打造成自明星。利用这种方式推广的成本要比请有知名度的人代言低得多。

所以，创业者要先把自己打造成自明星，再通过自身的影响力去进行产品营销，这样能有效减少成本。

2) 发掘个人价值

在自媒体时代，只要具备创作优质内容的能力，就可以打造成自明星。同理，通过自明星的模式创业也可以体现出自身的能力，并提升个人价值感。一般来说，只要在某个领域具有一定的能力，就可以获得用户关注，比如通过网剧《万万没想到》火起来的自明星"叫兽易小星"。

"叫兽易小星"原本学的是理工专业，按照普通的职业规划就是从事与专业相关的工作，但他通过拍摄游戏解说的视频受到关注以后，就专心做起了内容创作，现在已经成为导演、编剧。

所以说，自明星模式可以发掘更多的个人价值，比如有的人可能图片或视频特效做得非常好，通过自明星的方式被大众熟知以后，就可以成为一个特效指导师或是特效教程的作者。这就是自明星创业形式对个人潜力的发掘。

3) 发展前景良好

自明星主要是借助优质的内容进行营销，而自明星本身也具有一定的影响力，所以在推广或代言产品时会减少宣传成本。同时得益于自媒体平台的便利性，用户和自明星的沟通障碍也会减少，自明星可以很容易地实现用户的商业变现，也就形成了通常所说的"用户经济"。所以，自明星这种方便快捷、投入成本低、回报高的模式，具有良好的发展前景。

3. 自明星的三大特点

在了解自明星的优势之后，再来谈谈自明星的特点。

1) 大众化、个性化

自明星将变得大众化、个性化。就是说在自媒体时代，大家都可以通过在自媒体平台上发布内容，将自己打造成自明星。这同时也意味着自明星会更普及，每个人都可能变成明星，因此自明星将向个性化的方向发展。有个性、有特色的自明星会越来越受大众喜爱，而没有个性特色的自明星则很快会被大众遗忘。

2) 门槛低、操作容易

在传统媒体时代，要想打造一个明星是比较复杂的，要有颜值、有才华，还需要花费大量的人力、财力去包装，更需要在行业内沉淀多年才能火起来。而在互联网时代，不需要花费太多的人力、物力，就能将自己宣传出去，只需要有某个领域的才能即可，门槛要比以前低得多。另外，推广内容也更方便，只需要在今日头条、微信公众号等平台注册账号就可以发布内容吸引用户了。

3) 传播速度快、互动性强

只要在自媒体平台上发布了内容，就可以在任何时间、地点被大家看到，传播速度非常快，并且从内容的创作到发布都是高效的。这是传统媒体所不能达到的。并且自明星在发布内容后还可以迅速地在评论区与用户互动，随时交流并得到反馈，帮助自身良好发展。

013　深度了解——适合做自明星的人群

在互联网时代，很多人都想做自明星，能够受到用户的追捧，还能获得不错的收入。但也不是每个人都适合做自明星，做自明星需要具备以下4个条件。

(1) 对某个领域有深入研究的个人或团队。比如在抖音平台火起来的博主"黑脸V"，就是因为制作精湛的特效视频吸引了大批用户关注，他发布的短视频大部分都是抖音精选短视频。所以，如果自己或团队像"黑脸V"一样，也在某个领域有才能，是很适合做自明星的。

(2) 有自己创建的垂直网站适合做自明星。因为垂直网站的用户精准度本身就非常高，每个用户都有购买力，所以垂直网站不仅可以通过自明星的模式提升知名度，还可以增加与企业商家合作的机会。未来受到企业商家青睐的互联网广告不会是横幅广告或者点击付费的广告，而是利用自明星的知名度和用户基础进行理念推广的广告形式。

(3) 传统企业可以通过自明星的模式来转型。对传统企业来说，首先自媒体平台能够很好地提升知名度；其次打造自明星的成本也不高，只需要用心运营，很适合传统企业进行转型。

(4) 淘宝店主或是垂直电商适合做自明星。淘宝电商行业竞争很激烈，在平台上推广产品、吸引消费者等也要耗费不少的人力、物力，先将自己或品牌打造成自明星，再进行销售就要容易得多。

014 形成条件——如何变为成功的自明星

通俗地说，一个自明星的形成，好的内容、故事、策划是必不可少的。因此，在互联网时代，常有人说，一百个销售代表也比不上一个自明星来得有效果。如何才能变成自明星呢？下面将具体介绍自明星的形成条件。

1. 创作优质内容能力

一个好故事、一条有号召力的帖子、一篇充满感情的博文，这些都是自媒体人在互联网 IP 大战中制胜的内容"法宝"，而且通过这些内容可以让自媒体人在零成本的情况下获得更多收益。

2. 品牌营销能力

如今品牌营销的概念得到了很好的扩展，很多个人品牌都能够凭借自己的吸引力来摆脱单一的平台束缚，在多个平台、区域获得流量和好评。例如，南派三叔、叫兽易小星、天下霸唱、糗事百科、《花千骨》等就是具有非常强的营销能力的个人品牌的代表。南派三叔的《盗墓笔记》小说不仅有很多用户关注，还形成了自己的品牌，基于这个品牌的影响力又衍生出很多产品，如电影、网络季播剧、手游等，吸引用户购买下载。

3. 用户运营能力

当今市场经济已经从"得渠道者得天下"转变为"得用户者得天下"的时代，这一切都是互联网发展带来的结果，它彻底打破了以往封闭的经济模式，形成了一个新的、开放的、"用户为王"的经济时代。

在互联网时代，无数品牌应运而生，优秀的品牌拥有的是用户，而爆款品牌则拥有众多会为自己说话的用户，这些用户就是其衍生产品或品牌最好的代言人。因此，要想成为一个爆款品牌，自媒体人还需要掌握强大的用户运营能力。图 2-2 所示为品牌用户运营的完整流程。

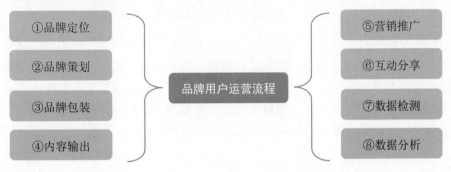

图 2-2　品牌用户运营的完整流程

在整个品牌用户运营的流程中，如何提升用户活跃度，让用户参与内容互动是用户运营的重中之重，图2-3介绍了一些技巧。

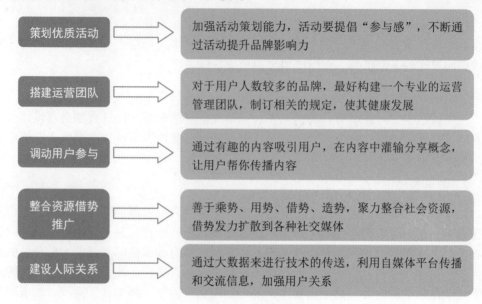

图2-3 品牌用户运营的技巧

015 形象包装——注重自明星的外在印象

自明星想要进行营销推广，就要先塑造好自己的形象，包括头像、昵称、个性签名等。对这些进行优化设置，能为营销带来更多便利，也可以对自己的产品进行更好的宣传，让更多的人了解、熟知。下面主要以微信平台为例，教大家如何包装好自己的形象。

在微信平台上，自明星的形象包装主要包括6个方面的内容，即给账号取名、选最佳头像、设专属个性签名、背景当广告位、活用定位功能和招牌动作简单。前3个方面将在第7章中进行详细介绍，因此，下面将介绍其他方面的内容。

1. 背景当广告位

从位置展示的出场顺序而言，认为头像是第一广告位是正确的。但是从效果展示的充分度而言，背景墙图片的广告位价值更大。这种价值表现在哪儿呢？大在尺寸，可以放置大图和更多的文字内容，能更全面、充分地展示自己的个性、特色等，完美布局。自明星账号背景墙照片，其实是头像上方的背景封面。

> **专家提醒**
>
> 大家可以自己用制图软件去制作，也可以去淘宝网搜索"微信朋友圈封面"，已经有专门做广告的人为大家量身定制主题广告照片了。

2. 活用定位功能

在微信上发朋友圈时，有一个功能是"所在位置"，你可以利用这个功能定位你的地理位置。更重要的是，可以通过这个功能，给朋友圈营销带来更多的突破点。如果利用得当，可以说是又给朋友圈营销免费开了一个广告位。

> **专家提醒**
>
> 一个真正成功的自明星，应该能够合理地利用每一个小细节来进行营销。利用小细节的难度并不高，比如利用微信中的自定义位置功能。

3. 招牌动作简单

自明星一旦设计好了自己的招牌动作，就需要在每次有曝光机会的时候都使用这个招牌动作。因为招牌动作如果只出现一次是不会被用户记住的，想要让自己的招牌动作深入人心，就必须增加它的曝光次数。

当你的招牌动作出现次数比较多的时候，会很容易在用户脑海中起到"视觉锤"的作用，以后用户只要看到这个动作，就会联想到你。不过自明星要注意，招牌动作要尽量设计得简单、有特点，如果动作过于复杂，那么拍照合影会比较麻烦。

016 重视用户——六大技巧提高用户黏度

用户是打造自明星的终极目标，整个打造过程就是一个以用户为中心的运营过程。运营要做的就是不断积累新用户，发展老用户。当然，在此过程中，自明星也可能会遇见不太感兴趣的用户，对于这种人，也不能置之不理，而应该循序渐进地引导对方，去和他发展关系，慢慢将对方吸引过来。下面通过六大技巧，介绍如何抓住核心用户并提高用户黏性的方法。

1. 抓住用户痛点，解决用户难题

要想成为一个自明星，首先要找到自己的需求用户，有针对性地解决用户的痛点，才能抓住你的用户。比如自明星发了一篇文案，首先这篇文案一定要能解决大部分的用户需求问题，用户需要它，才会愿意继续关注它。

所以，自明星首先要做大量的功课，了解用户需要解决什么问题，然后再发布相关的文案，真正站在用户的角度为他着想，得到用户的信任，这样才能使他成为你的铁杆用户或粉丝。

2. 多进行互动，增加存在感

为了与用户保持比较稳固的关系，自明星应该尽量多地与用户进行互动。自明星想要赢得用户的好感，提升信任度，就要多增强自己的存在感，关心自己的核心用户，点赞加评论是最有效的方法之一。

利用微信点赞方式让用户记住自己，还能得到被用户关注的机会，原理是先付出再回报。看到用户聚会很开心，评论一下，分享快乐；看到用户发看电影的状态，评论一下，可以讨论剧情，有利于互动交流；看到用户晒体重的，长胖了的、太瘦的，可以评论关心一下；还有看到朋友圈发表对于未来的期待和自我激励的状态时，要及时点赞，表示对用户的支持和鼓励，用户看到了也会觉得欣慰。

自明星可以通过这种互相分享喜悦和难过的方式，逐渐与对方友好地发展关系，使双方成为无话不谈的朋友，为自明星未来的发展打下坚实的基础。

3. 以感情为基础，打动用户的心

自明星在进行推广的过程中，如果只是循规蹈矩地发一些无趣的广告内容，肯定是没有几个人愿意看的。但是如果能将广告内容加以修改，添加一些可以吸人眼球的元素，就能让用户抽出一些时间来读完整个广告。

一般来说，最能够引起群众注目的话题自然就是"感情"。用各种能够触及对方心灵的句子或是内容来吸引别人，也就是所谓的"情感营销"。因为在现今这个社会，由于物质生活的不断丰富，用户都开始追求一种精神层面的满足，即一种心理认同感。情感营销正是利用了用户这一心理，对症下药，将情感融入营销当中，唤起用户的共鸣与需求。 其实不一定非是人间大爱，任何形式的、能够感动人心的细节方面的内容都可能会触动不同用户的心灵。

4. 建立媒体矩阵，拓展多平台用户

除了微信外，网络上还有很多社交平台。做自明星推广也应该将眼光放长远些，不能只看到朋友圈，而是应该想尽办法认识更多的人，通过平等的沟通与用户打成一片，成为朋友，为自明星的长远道路打下牢固的基础。那么这些沟通的渠道有哪些呢？除了微信以外，还包括QQ、微博等媒体平台。

1） QQ

QQ 是一个很方便的吸粉平台，而且由于 QQ 和微信同属于腾讯公司，所以两个软件之间还有可以互相沟通的地方，比如在 QQ 空间中发的图文是可以直接同步到微信朋友圈中的，这样既节省了时间，又可以将广告推送给更多的人看。

当然，自明星用到 QQ 的主要原因还是为了和用户更好地发展关系。其实建立 QQ 群就是一个很明智的方式。QQ 群是可以分类的，而且也可以放在网络平台上向公众开放，大家可以根据自己的喜好点击加群。这样就能汇聚天南地北有共同兴趣和

爱好的人，然后慢慢地与他们发展关系，最后将他们拉入用户群。

2) 微博

随着越来越多的社会新闻在微博上得到披露，人们越发感觉到微博用户的力量正在日益强大，甚至对社会的影响都十分巨大。而且比起微信、QQ这种聊天软件，微博更加公开、透明，有共同语言的朋友们可以互相关注并且交谈。

如果自明星想要在微博上结交好友的话，最好将自己的账号发展成大V来吸引更多的用户关注，从而提升自己的人气。

一般来说，账号想涨粉，通常有以下两种办法。

(1) 多发有意义的内容，凭借自己的头脑和文笔吸引别人的注意。例如，耳帝，专门为别人科普音乐方面的知识，在流行音乐界有一定的地位，大家都愿意相信他，用户众多，因此可以接一些广告；又如博物杂志，就是专门写生物科普的博主，博学多识、风趣幽默，经常为大家排忧解难，当然他本人就是卖科普类杂志的，这样一来二去，吸引了众多用户，杂志的销量也被有效地拉动了。

(2) 去高人气的博主发的微博下抢热门，引起对方用户的关注，进而吸引用户的关注，拥有大批追随者。

不管用哪种沟通方式与用户做朋友，最后的结果都是为了自明星的推广。所以，一定要想办法吸引住这些用户，从而促进自明星的推广。

5．持续跟踪用户，保持好感度

为了提升用户的黏度，自明星应该尽量做到持续跟踪，只有这样才能让对方感受到诚意。那么如何才能做到有效地跟踪呢？下面为大家详细介绍3种方式。

1) 独辟蹊径寻找跟踪方式

一般的跟踪方式每个自明星都知道，那么如何从这些人中间脱颖而出，则是自明星必须思考的问题。因为只有"不一样"，才能让对方对你留下深刻的印象。

比如别人都用微信跟踪，每次都给对方发上一小段文字客客气气地提问，那我们就可以试着写一封信与用户进行交谈。手写的文字无论如何都要比键盘上敲打出的冷冰冰的标准字体更让人感兴趣，也能更让人投入心思去读、去回复。因为所有人都知道，写一封信并不是那么轻易的工作，它可能要耗费写信人不少的心力与时间。大部分人都会尊重写信者的心情与劳动成果，自然就会认真地与自明星沟通交谈，而不只是随意敷衍了。

2) 找一个合适的借口

在跟踪的过程中，每次自明星与用户交谈之前，都需要有一个合适的主题开始对话。如果只是选择一味地去推文发广告，对方恐怕连一个最基本的回复都不愿意给。所以，一般来说，聪明的自明星会去选择一个避无可避的话题开始这段对话，然后再慢慢地将话题导向别的方向。

3) 注意跟踪的时间间隔

跟踪用户的时间间隔也是一个需要仔细思考与看待的内容。因为时间间隔太短会让人厌烦，太长又容易让对方忘记你的存在。一般来说，两三个星期进行一次跟踪调查是最明智的选择。

6. 鼓励用户提出建议，优化工作

要想成功地在自明星的道路上走下去，用户便是支撑自明星发展的全部力量。其实用户不仅仅是自明星的支持者，同样也是宣传力量，甚至是自明星对自己进行改进的最大建议群体。自明星应该不断挖掘这些用户的价值，听取他们的建议，不断完善整个经营过程，最终形成自己的特色，吸引更多的用户与关注。

用户的建议对于自明星来说真的十分重要，因为他们可以站在受众的角度来告诉自明星他们真正需要的到底是什么，自明星本身还欠缺些什么，有哪些没有做到位的。而这些意见对自明星未来的发展十分重要，所以自明星必须给予重视。

在面对用户的建议时有 3 个原则是必须遵守的：一是鼓励用户提出建议；二是认真听取用户的建议；三是完善与落实用户的建议。接下来为大家详细分析。

1) 鼓励用户提出建议

其实让人提建议就像是课堂上老师让学生提问题一样，很难碰上真正愿意主动的人。一方面大家是怕麻烦，提了意见可能会被一直叨扰，问很多关于这方面的问题，烦不胜烦；另一方面则是害怕自明星觉得这个建议没有什么用，直接否认会伤到自己的自尊心。所以，自明星要是能遇上愿意主动提建议的用户肯定是求之不得的。可是自明星必须要了解，大部分的用户还是比较被动的。这个时候就需要自明星主动一点儿去鼓励用户提出一些不满意或是他们觉得还能够继续完善的地方，主动向对方表明一定会重视他们所提出的意见，甚至可以用到资金上的鼓励。很多时候，有偿得到的信息会比无偿的更加有价值。

2) 认真听取用户的建议

一旦用户愿意提出建议了，自明星要做的就是认真记录这些信息，表明自己对这些信息的重视性，决不能随意敷衍用户；否则不仅得不到有效的建议，还有可能因为表现出来的不尊重而失去一些用户。

建议听取完毕之后，自明星还应该深入分析形成这个问题的原因是什么，应该要如何做才能解决这个问题，给出具体的实施方案。

3) 完善与落实用户的建议

如果收集建议之后不立刻去落实它，那么听取建议的过程就白白浪费了，花掉的时间没有任何意义。甚至当有些用户发现自己的建议没有被重视和实施的时候，可能会失去以后所有来自用户的建议。

所以，自明星在听取建议之后，一定要迅速总结出解决方案并且以最快的速度落

实它们。争取在最短的时间内让用户看到变化，增强用户对自明星的信任度与好感，从而拉动销量与人气。

综上所述，能够正确听取与对待用户建议的自明星，成功指日可待。

017 必备能力——修炼完善自身加速成长

其实任何模式的创业都需要具备相应的能力，才能顺利地进行下去。自明星自身也要尽自己最大的努力，不断完善自己，提升各方面的能力。下面对自明星需要具备的十大能力进行具体介绍。

1．专一能力：领域垂直很重要

专一是现在大部分人不具备的能力，在自明星行业也很少有人能坚持只做某个领域，经常是每个领域都想试一试，结果是哪个领域都没有做好。做自明星必须具备专一的能力，坚持做自己擅长的垂直领域，才能增强自身的竞争力。

比如，微博大号"同道大叔"，在一开始发微博时也只是一个普通的漫画微博号，微博用户并不多，直到找准自己吐槽星座的定位后就没有改变过。现在每发布一条吐槽星座的微博，依旧有不错的点赞量和转发量。

2．独立思考能力：主动把握机会

那些只知道埋头苦干而不注重思考的人，很容易错过一些机会，甚至机会到了眼前都不会注意到。因为没有独立思考过，也不会去思考自己做什么才有意义。自明星想要培养抓住机会的能力，首先要学会独立思考。

3．接受新事物的能力：随时做好准备

互联网有一个非常有意思的地方，就是即使你错过了一个机会，也会有下一个机会出现，就看你能否抓住。比如，微博火起来的时候没抓住，后面还有微信；如果微信也没抓住，还有现在比较火的短视频。

只不过这些互联网平台层出不穷，要求自明星必须具备接受新事物的能力。因为在你抓住一个机遇的情况下，如果不坚持学习，在下一个机遇出现时最终可能会被别人超越。

4．心理承受能力：坚定信念

自明星作为一个公众人物，来自外界的评价必然是褒贬不一的。因此，做自明星必须内心强大，尤其是当自明星用户数量越多的时候，要承受的打击和压力会越大。用户会对自明星提出各种要求，如果自明星心理承受能力不够，很容易会坚持不下去。除了用户外，一些传统行业的人士很可能也会打击自明星，因为自明星的模式其实跟传统行业模式是存在冲突的，它们更像是一种竞争关系。

5. 商业化能力：盈利才能生存

一般来说，用自明星模式创业，目的就是商业化，通俗地说，就是盈利挣钱。因为这个行业竞争激烈，如果不实现商业化根本就不可能长久地运营下去，所以自明星必须具备商业化的能力。

6. 风格打造能力：有特点才能被记住

一个真正的自明星都有自己鲜明的风格，只有这样才能被大众记住，因此自明星应该敢于去突破、创新。在这个过程中，自明星应该具备打造属于自己风格的能力，才能吸引用户关注。

7. 营销能力：自我营销很重要

自明星的营销能力是指营销自己和产品，也就是吸引更多用户关注自己，当有了一定的用户基础后，自明星就要开始进行产品营销了。无论产品是自己的知识课程，还是会员、书等，自明星都要能够推广给自己的用户。

8. 沟通能力：交流才能成团

沟通能力在每个行业都非常重要。打造自明星也是如此，不仅要有表达能力，更要具备和他人进行有效沟通的能力。一般来说，打造自明星都需要一个团队，如果自明星不具备有效沟通的能力，怎么吸纳合作伙伴或团队成员呢？

9. 公众演讲能力：合理曝光自己

公众演讲能力是指敢于面对大众进行演说的能力，有不少自明星都是通过公众演讲取得成功的。公众演讲在最初的时候是用于发布会、企业演讲、主持、采访、培训等，而现在想要打造成功的自明星，也离不开公众演讲能力的加持。

10. 知识提升的能力：知识就是力量

作为一个自明星，需要有非常丰富的知识和高强度的大脑。知识是自明星创作的核心力量，也是一切文化事业的动力源泉。如果缺少知识的储备，自明星的内容创作将缺少动力基础。即使勉强创作出来，也很难做到有说服力和吸引力。

自明星的内容创作是一项高强度的脑力输出，并且是硬性的定期、持续输出。它经常困扰着创作者，感觉自己二三十年的学习积累和人生感悟，只要十多篇文案就能把它们囊括进去，然后就失去了后续创作的灵感和动力。自明星需要注意，发布的文案如果广告性太强，容易被人屏蔽，所以文案都需要蕴含情感，让人有想看的冲动和欲望，这样才是成功的自明星。

> **专家提醒**
>
>
>
> 套用 OPPO 手机的一句广告语，自明星进行内容创作，在知识学习和知识输出上就要具备"充电五分钟，通话两小时"的能力，做到浏览别人的一篇文案，自己能想出四篇文案的写法。但是，想要具备这种能力需要长时间的修炼和积累。对于一般的创作者来说，还是处于"学习两小时，写作五分钟"的水平，更需要坚持学习和不断提升自己。

018 成功要素——明确做好自明星的法则

做一件事往往要抓住核心问题，用自明星的模式创业也不例外。要想塑造一个成功的自明星，必须抓住 8 个关键点，也就是在内容上做加减法、学会做知识管理、提高自身影响力、学会扬长避短、活用免费模式、高效完成工作、合理安排时间以及培养农耕精神。下面就针对这 8 个关键点进行阐述。

1. 在内容上做加减法

加法是指在用户关注的核心内容上做加法，提高用户想看内容的价值。做加法有两种情形：一种是从无到有的"加"，也就是说某领域的内容是别人之前从来没有涉及过的，那么当自明星创作了该领域的突破性内容后，就能很好地塑造品牌；另一种是别人曾经涉及过的领域，只是做得还不够好，比如别人只做到了合格的程度，自明星可以做到优秀的程度，同样能够塑造品牌。

对于用户不关注的方面，自明星要做减法。做减法同样有两种情形：一种是彻底归零的"减"，也就是把行业中同领域的对手提供的某个服务去掉，不再提供这个服务；另一种是从部分内容入手减，也就是减少某些内容的发布量，比如竞争对手花一百分精力去做的内容，自明星只花一分精力去做。

自明星通过加减法，不仅可以减少自身成本，还可以增加用户从自身获得的利益。做自明星不要一味地盯着竞争对手在做什么，而应该多关注用户的需求，多站在用户的角度去思考他们真正想要看的内容，然后对于用户有需求的内容做加法，在用户不需要的方面做减法。

2. 学会做知识管理

这里的知识管理是指做个人的知识管理。什么是个人的知识管理呢？就是自明星将自己获得的资料、信息变成更有价值的知识。这些知识可以用于工作或生活，同时自明星也可以在这一过程中增强专业素养，养成良好的学习习惯。做个人的知识管理可以分为 5 个步骤。

（1）搜集知识。搜集来的知识是进行内容输出的基础，可以说没有搜集的知识就没有内容的输出。

（2）存储知识。我们获得知识的渠道比较多，自明星需要有随时把知识保存到电脑中的习惯，并且要将知识命名，以便在需要使用这些知识时能迅速找到。

（3）加工知识。如果电脑里的资料不进行加工，那就只是一些资料，而不是你的知识。可以将资料进行浓缩，同时，将资料浓缩的过程可以帮助我们更深入地理解这些资料。

（4）使用知识。一般来说，自明星获得知识并不是为了让自己看上去比较有学识，而是为了解决用户的需求。所以自明星要将加工好的知识落到实处，运用这些知识创作内容，解决用户的需求。

（5）分享知识。自明星只有把知识分享出去，才会有更多的收获。这个收获体现在外在和内在两个方面：外在是指可以树立专业形象，吸引更多用户关注；内在是指自身学习能力得到提高。

3．提高自身影响力

很多自明星都会有这样的问题：内容小众，看的人不多；用户少，自身影响力也小；等等。其实，这些问题都是可以通过提高自身影响力来解决的。那么自明星该如何提高自身影响力呢？主要有以下4种方法。

（1）在创作内容时，尤其是干货型内容要多阐述理由。这样的内容会更容易被用户接受——只要是有理有据的知识，大部分人都不会有抗拒心理。

（2）通过补偿心理来扩大自己的影响力。比如你提出了很多办法帮助用户解决问题，那么用户肯定会对你有补偿心理，也就是想要回报你。而用户的回报方式就是变成忠实用户。可见，想要获得更多的关注，首先需要付出。

（3）要说到做到。比如做了什么决定或承诺，就一定要做到，这样才能增加自己的诚信度，提高影响力。

（4）获得社会认同。也就是说，要重视用户对自己的评价，尽量让大部分用户喜欢自己，树立好口碑，才能扩大影响力。因为用户如果想要了解你，主要是看别人怎么评价你的。

4．学会扬长避短

自明星首先要确定自己的优势，然后从自身的优势出发，最大限度地发挥出自己的优势。这样才能形成核心竞争力，而不是从自己不擅长的领域入手运营。在擅长的领域，为了让自己出类拔萃，对于自身的短处无须达到专业水平，稍微提高一点即可。比如，自明星的短处是写字不好看，又需要经常给用户签名，自明星就可以将自己的签名练得更好些，但不需要把所有字练得和专业书法家一样。

5．活用免费模式

首先用免费内容吸引用户，然后再推出一些收费内容，已经是自媒体行业常用的盈利方式。那么应该如何合理地运用免费的模式吸引用户呢？自明星可以从以下3个方面入手。

(1) 有小程序或是软件需要销售推广的企业，可以使用限时免费的模式。比如，企业推出一款游戏软件，可以让用户免费体验半个月再收费，这样有利于用户了解该款游戏软件。

(2) 将产品分为两个版本，即普通版本和升级版本。普通版本免费，升级版本收费，也是吸引用户注意力的好方法。不过关于怎么创造产品的两个版本以及怎么界定两个版本的关系问题，都是需要自明星去认真研究的。

(3) 赠送产品或服务也可以助力营销。比如当我们推出一个教学课程的产品后，可以留下自己的联系方式，便于对学员提供免费的一对一教学服务。

6．高效完成工作

对于快节奏生活的现代人来说，工作是一定要高效完成的。做自明星也不例外，每天需要创作内容、发布内容、与用户进行互动交流，还要开发自己的产品等。这些事情堆积在一起，如果不具备高效完成工作的能力，是难以良性运营下去的。那么，应该如何培养自己高效完成工作的能力呢？只需要做到以下3点。

(1) 制定每周的计划及目标。如果你是一个团队的领导人，每周都要制定整个团队的目标，并带领团队去完成。如果你是个人运营，每周就要给自己制定一个目标，并监督自己去完成。

(2) 把重要的事情放在第一位。要不断地问自己，哪件事是现在最需要完成的，要怎么做才能更好地去完成这件最重要的事。

(3) 每周结束时要进行总结。总结的内容包括：本周自己实现了哪些目标，能实现这些目标的原因是什么；本周自己没有实现的目标有哪些，是什么原因导致自己没有实现这些目标。

7．合理安排时间

时间对每个人来说都是宝贵的。现在大多数人都想用最短的时间赚更多的钱，因此每天都感觉时间不够用。那么，自明星应该如何合理地安排时间呢？有以下3个方法。

(1) 不在没有意义的事情上浪费时间。比如，你正在进行内容的创作，突然想起还有一封前几天收到的邮件没有看，这时就不要忙于查看邮件，而是应该将它当作待处理事项，等内容创作完成后再去处理邮件。

(2) 完成一项工作后，要立刻确定下一步的行动。比如，自明星创作完内容后，需要确定下一步是对内容进行完善还是直接剪辑或排版。

(3) 要关注自己完成任务的结果。毕竟合理地安排时间只是方法，目的还是完成工作，所以要多思考在合理安排时间的情况下，最终的结果是怎样的。

8. 培养农耕精神

什么是农耕精神？就是指农耕运作的付出精神，即春天播种，每隔一段时间浇水施肥，到了秋天收获成果。把农耕精神应用到自明星打造上，就代表着坚持、积累和沉淀。对于农耕一事，是无法临时抱佛脚的，如果春天不播种，平时不施肥，而是到了秋天才开始播种施肥，是不会有收获的。做自明星也一样，要十年如一日地坚持学习和积累。

019 经营模式——打造自明星品牌的关键

网红式的自明星品牌彻底颠覆了传统的成名和吸金机制，并且使很多行业的生态链发生了变化。将自明星打造成一个品牌的最终目的是商业变现，这才是整个自明星体系的完成。下面主要介绍自明星品牌的运营策略与技巧等内容。

1. 做用户喜欢看的硬广，重视内容

在广告行业中，硬广是指直接发布的产品广告信息，广告信息中包含产品功效、商品功能等。在朋友圈或其他自媒体平台中发布硬广信息时，一定要掌握相关的技巧，否则很容易被朋友圈的人屏蔽，这样就得不偿失了。硬广也是自明星变现的一种方式，通过为企业代言产品转发朋友圈或微博等平台，得到一定的经济回馈。

有许多自明星平常发布自己的生活状态、工作动态时，用户的互动率非常高，留言率、转发量都非常可观，可是一发硬广信息时，朋友圈或微博的活跃度就降低了许多，转发量也很少，这是部分自明星遇到的情况。这时应该怎么办呢？

自明星在朋友圈发的硬广信息，可以直接从微信公众号、微博、今日头条等平台转发已发布的硬广文章链接，在朋友圈中点击网页链接，即可打开相应的页面，查看发布的硬广信息。

还有一种情况，自明星在发布硬广内容时要有一定的创意，内容要贴近生活，这样也会获得用户的高度关注和转发，特别是带有爱心情感、有创意又贴近生活的硬广信息，在朋友圈、公众号、微博中也很受欢迎。

2. 对准需求的软文推广，解决痛点

软文，顾名思义，是相对于硬性广告而言，由企业的市场策划人员或广告公司的文案人员负责撰写的带有情感性质的"文字广告"。与硬广相比，软文更具有生命力，软文能结合人们的需求、情感，与观众找到共鸣点。网红、自明星们主要通过微

信公众号、微博以及今日头条等媒体平台来发布软文，这是他们主要的运营平台。

软文要对读者有价值。撰写一篇优秀软文的第一步，就是寻找用户感兴趣的话题，可以搜索相关的资料进行整理，最终消除读者之间的陌生感。让读者对软文产生认同感，从而取得读者的信任。要始终记得撰写的软文是给读者看的，这是软文写作的生命力。读者的身份不同，职业上有区别，对软文的需求也不一样。

专家提醒

要保证写出来的软文能满足读者的期待，就需要根据对象来设定文案的风格。根据不同职业可以使用相关的专业语言，对年轻要读者尽量采用当下较流行的语言。这样做的好处是引起广大人群的追捧，为软文创造更好的传播效应。

3. 使用众筹运营模式，成为受众领袖

众筹即大众筹资，是指在团购的基础上增加预购的形式，面向公众筹集资金的模式。发起人利用互联网和社交网络传播的特性，通过众筹平台发布一个众筹项目，展示他们的创意，然后投资人进行支持，获得资金。

众筹主要是以资助个人、公益慈善组织或小中型企业为目的进行的小额资金募集，它是一种全新的互联网金融模式。具体而言，筹资者将需要众筹的项目通过自己选定的众筹平台进行公开展示，浏览该平台的所有网友都可以对这些项目进行投资。每个人的投资金额一般不高，但项目随着投资人的投资积累，逐渐形成滴水成海的效果，最终，项目成功之后发起者获得所需的资金。

相对于传统的融资方式，众筹模式更为开放。只要是投资人喜欢的项目，都可以通过众筹来获得项目启动的第一笔资金，也就为草根创作者们提供了无限的可能。同样，这种众筹模式也为自明星们提供了无限可能。

众筹主要包括 4 种运营模式，即募捐众筹、奖励众筹、债权众筹、股权众筹，下面分别进行简单介绍。

1) 募捐众筹模式

募捐式众筹的发展十分迅速，这是一种非营利机构获得捐款，以及那些遭遇到不幸的大众，得到基本生活保障和物质援助的一个主要方式。

前期项目立项主要由项目发起人做好相关准备工作，收集项目资料和众筹平台，确定并审核公益项目内容及目标金额。中期线上跟进后由公益项目推广与支持者互动。后期执行力量分为获得首笔款项执行公益项目，定期汇报进度与支持者互动，以及获得尾款使募捐众筹顺利完成。

2) 奖励众筹模式

奖励众筹平台在帮助公司预售产品，并获得初期支持者方面是一个非常有效的机

制。目前，很多在 Kickstarter 或 Indiegogo 平台上实现融资的公司在随后的风险融资轮里都获得了很高的估值，有些还被产业直接收购了。这种融资模式已经成为风投社区普遍接受的模式。

作为一种商业模式，奖励众筹在回报部分尤其重要，那是商品等价交换的根本，也是下一次众筹能否得到别人持续信任的直接原因。

3) 债权众筹模式

债权众筹一般情况下就是指 P2P 借贷平台。债权众筹主要分为债权归集、债权转让和资金流向 3 个方面。对于募资人来说，借钱这事有时候向身边的人开口并非是好事，所以假如从一个成熟的平台能够尽快地借到钱，是一个非常好的选择。

债权众筹平台的主要责任就是建立借款人的信用规则，努力控制投资者的投资风险，尽可能地保护投资者的利益。尽管债权众筹有一些安全措施，但投资者最好还是将其资金分散在不同的网站，以降低风险，使投资组合多样化。

4) 股权众筹模式

股权众筹作为众筹资金额度最多的众筹模式，已经逐渐地被大众所接受，这是一种让投资更有保证的融资方式。

股权众筹类似于风险投资和天使投资，对于如游戏、应用、电影、音乐和文学等数字产品资金的筹集最为有效。一般使用股权筹资中 1/5 的项目都能够筹集超过 15 万元以上的资金。用户在股权众筹平台进行融资筹资，实际上可以认为是发行了股票，只是上市的市场是一个众筹平台。

股权众筹要比奖励众筹更加商业化，投资者主要考虑发起者的项目是否有前景、能否盈利。因此，发起项目的侧重点不能像奖励众筹那样仅仅是为了实现自己的梦想，而应该更多地为投资人考虑，从理性的角度打动投资人。

4．基础内容免费，高端课程收费

很多企业一开始都喜欢先给用户提供免费的产品，如相关杀毒软件等，等用户积累到一定数量后，对产品的高级功能进行收费。自明星们也可以先通过免费的内容吸引用户，扩大用户数量，待用户累积到一定数量时，可以同步开启收费模式，针对高端产品或课程进行收费。这里比较具有代表性的是"罗辑思维"的创始人——罗振宇，一位非常具有影响力的自明星。

020 价值输出——做好自明星的商业打造

一般说来，自明星无论是升级为团队经营还是"自立门户"，做产品、做服务、实行商业运作，打造出个人品牌才是最好的归宿。不少自媒体达人的亲身实践已经证明了这一观点的正确性。下面主要介绍自明星在打造品牌的过程中的前瞻意识、科学运作方法及商业绑定手段。

1. 树立前瞻意识

自明星是一项新兴事业,并且是建立在互联网基础上的一项新兴事业。而当今社会互联网时代潮流的引领者,是商业发展的指向标,几乎全部的产业都囊括在互联网之中,因此与互联网齐头并进的自媒体事业,必须要同样走在时代潮流和时代信息的尖端。这就需要自媒体运营者有一定的前瞻意识,即互联网意识、团队合作意识、品牌打造意识、商业融资意识等经营意识。

1) 互联网意识

自明星的互联网意识,需要分 3 个层次来介绍。第一个层次是把互联网当作一个社会化的媒体营销平台,即利用微博、微信等社交网络与用户进行沟通,实现最佳营销。也就是说,自媒体人要致力于做社会化的媒体营销,站在用户利益的角度并通过用户喜欢的方式做营销,这样有利于打造口碑实现最佳的营销效果。

第二个层次主要是从"用户意识"的角度进行考虑。在用户至上、体验至上的商业时代,让用户掌握消费的主权,在消费活动中成为主动方,利用互联网的便利找准用户的痛点,有针对性地制作产品和服务,打动用户。

自明星具有互联网意识的第三个层次,才是自明星最重视的——自明星最重视的不是做电子商务营销,而是形成一种互联网思维模式;不是借助社交平台做营销推广,而是重整自媒体的商业模式。这种互联网思维模式体现在 3 个方面,即互联网市场思维、互联网产品思维以及互联网用户思维。培养这样的思维模式可以充分地利用互联网的大数据和云计算功能。

在互联网大数据时代,企业对互联网的利用,更多的是用来对市场和用户进行调查、收集与整合,然后依据这些数据制订产品发展策略、服务升级策略和市场营销策略,当一切都准备妥当并经过多次测试之后,才会推向市场,参与市场竞争。在这一系列的操作中,互联网大数据虽然不是最精密、最重要的,但互联网大数据起着基础性的作用,一个数据的错误就会使之后一系列的执行都产生纰漏。

> **专家提醒**
>
>
> 互联网思维的培养和形成,基于对整个商业生态圈和企业价值链的重新思考与整合。淘宝、京东等大型的电商平台,虽然充分利用了互联网思维的优势,但电商平台却不能等同于整个互联网。互联网思维的形成是基于整个商业生态圈的大数据化,而电商平台只是这个商业生态圈中的一角。

2) 团队合作意识

自明星的团队合作有三层含义:一是自明星内部组成团队;二是在自明星保持独立的情况下与一些机构或企业进行合作;三是不同的自明星之间形成一种联盟式的商业绑定。具体如图 2-4 所示。

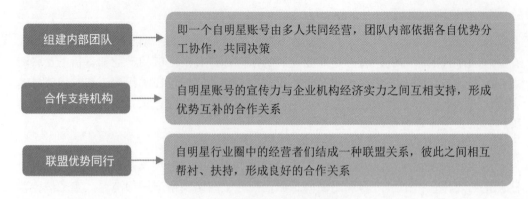

图 2-4　自明星的团队合作意识

自明星基本上不会选择完全的独立运营。独立运营对于自明星来说，总会有许多能力上、精力上或策略上无法实现的事情，从内部到外部都会产生不利影响。这种不利影响主要体现在 4 个方面：一是不利于提高工作效率；二是不利于完善各项操作；三是不利于集中多方智慧；四是不利于形成科学决策。

自明星在保持运营独立性的前提下，与其他机构或企业达成共识形成合作关系是非常普遍的，最典型的就是自明星的广告。广告商支付给自明星一定的经济报酬，借用自明星的影响力做推广，但不影响自明星的内容风格和运营模式。如果自明星拒绝与任何广告商合作，将有可能失去继续运营下去的支持。

3) 品牌打造意识

品牌是指一个产业风格的具体化，是产业经营的态度、文化和价值的集合产物。品牌代表着质量、信誉和声望，所以不论是实体企业还是网络自媒体，想要把自身做大、做好，必须具有品牌意识。自明星打造品牌意识的重要性如图 2-5 所示。

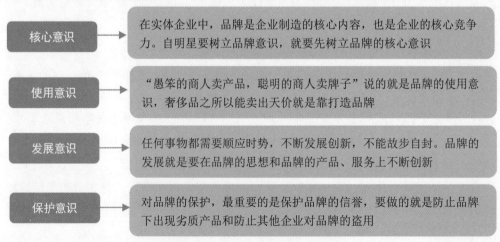

图 2-5　自明星的品牌打造意识

自明星首先需要树立品牌意识，其次需要有一个强势的品牌目标，督促着自己要往哪方面努力、往哪方面发力，塑造一个能让自己满意也能让用户认同的自媒体品牌。

品牌自明星之间存在的竞争压力比普通自媒体更大，可以说一旦品牌树立起来了，品牌就成了自明星的灵魂。所以，自明星在品牌的经营上需要不断地加强和升华，增强自明星品牌竞争力和品牌能量，需要不断强化品牌影响力和持续创新品牌内涵。

4) 商业融资意识

不论行业环境如何变动，自明星事业的经济效益一直处于爆发期。从"用户经济"到"网红经济"，都说明了只要经营得好，通过自明星实现事业的成功是有可能的。对于真正的自明星来说，更大的成功在于商业融资。图2-6介绍了3位自明星的商业融资意识。

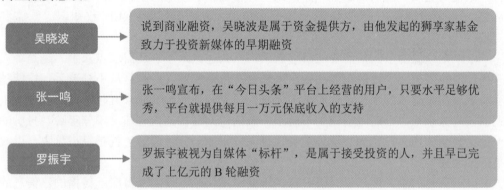

图2-6 自明星的商业融资意识

自明星的商业融资几乎是所有自明星经营者梦寐以求的。自明星要获得商业融资，需要具备5个条件：①有优质的内容；②推广渠道广泛；③用户数量多；④有发展前景；⑤能够盈利。

2．科学运作方法

自明星经过品牌打造、商业融资等一系列铺垫和升级，对自明星的运营就不再是一个人的兴趣，仅凭自身的娱乐精神、我行我素，而是要对背后的投资者负责。像一个实体企业的运营者一样，每个经营步骤都要经过科学设计、科学决策和科学运作。下面主要介绍自明星的传播要素运用和用户情绪利用等科学运作的方法。

1) 运用传播要素

自明星深谙，即使获得商业融资也不能放弃继续做自媒体的内容。因为放弃了继续推送内容，就等同于放弃了这个自明星阵营，放弃了这个阵营就失去了和用户的有效沟通，科学运作也就失去了基础。所以，自明星不仅不能放弃内容推广，还要比一般人更懂得信息传播要素的运用。自明星对传播要素的利用主要体现在以下 5 个方面：①善于利用信息的娱乐性；②善于利用信息的情绪性；③善于利用信息的利益性；④善于利用信息的知识性；⑤善于利用信息的重大性。下面进行具体说明。

(1) 情绪化的信息与娱乐化的信息相比，虽然在传播范围和被接受度方面比不上娱乐化信息——毕竟轻松、趣味性的东西更迎合现代人们快节奏、紧张生活的需要，但情绪化的信息引发的争论热度是最高的。利用这样的信息激发读者的情绪有一些常用的方法，如利用明星做慈善公益或者用一些平民英雄事迹来吸引关注。

(2) 自媒体作为一个媒体工具，向用户传播信息是自媒体的基本职能。在传播信息时要考虑用户的求知性。但需要注意的是，关于用户的求知性，专业化、领域化的知识可能并不是用户每天想要阅读的，反而是网上那些五花八门的有着生活味道的内容，最能勾起用户的求知欲望和阅读欲望。自明星从生活入手打造信息的知识性，可从 5 个方面着手：①养生知识；②天文知识；③居家知识；④时政知识；⑤旅游知识。

(3) 知识性的东西，需要从小处入手，从兴趣点入手，从需求点入手。越是令人感兴趣、令人感到需要的东西，做出来越会有价值和意义；越是从小处着手，才能越容易表现出经营者的水平。像养生、天文、居家、旅游等看起来五花八门的、没有主题的内容大杂烩，自明星应该是不屑于去做的，但这样的内容却是不分年龄、身份的人都会接受的内容，比如"罗辑思维"每天发出的一分钟语音，就是以小见大、以浅见深的表现方式。

(4) 信息的重大性是最吸引眼球、最能引发议论、最能获得广泛传播的。信息的重大性集合了信息的娱乐性和情绪性的传播优势，但又比信息的娱乐性更庄严，比信息的情绪性更理智。

2) 对用户情绪的利用

自明星在获得商业融资后，就需要以企业管理的模式经营自媒体，要更加注重吸引用户、留住用户，做好营销。任何一个企业的任何一次营销都是以目标用户为核心的，所以自媒体达人需要更加努力地打造目标用户并吸引用户。

现代化生活中的人们，在超快节奏和巨大竞争中，心中都积压着巨大的心理压力。了解人们对合理宣泄、舒缓压力的需求，有利于自明星更好地打造目标用户和影响这些目标用户。

3．商业绑定手段

自明星除了商业融资外，还必须掌握一套商业绑定的手段，目的是在得到融资后，能够在原有的资本上通过一系列的周转流动，实现资本的扩大和产业升级。下面主要介绍自媒体达人要掌握的商业赞助、商业广告等商业绑定手段。

1) 商业赞助

即使自明星能够获得上亿元的商业融资，但不意味着自明星的一切活动都能依靠这笔融资。以"罗辑思维"为例，"罗辑思维"早在 2015 年下半年就完成了上亿元的 B 轮融资，之后"罗辑思维"依旧在继续拉商业赞助。

2) 商业广告

自明星的商业广告模式，不再像普通的自媒体经营者一样，努力做出名气、积累用户，等待着广告主的合作意向，而是自己打造广告，让更有名气和影响力的人帮忙宣传。因为自明星在获得商业融资后已经有了广告资本，一切活动费用都可以从这部分资本中获取。

第 3 章

超级 IP：快速成长，决胜自媒体时代

学前提示　互联网大大降低了人们的创业成本，让更多人的梦想得以低成本实现。而到了以用户经济为基础的自媒体时代，打造 IP 所花费的成本将变得更低，但回报会更大。本章主要从 8 个方面具体介绍超级 IP，帮助自媒体将 ID 升级为 IP。

要点展示

- ▶ 取胜之道——超级 IP 掘金必备能力
- ▶ 4 个步骤——打造超级 IP 的必经之路
- ▶ 5 种策略——超级 IP 内容创业必备法宝
- ▶ 5 种方式——个人品牌爆款 IP 的盈利模式
- ▶ 4 个技巧——成就高端超级 IP 品牌
- ▶ 3 个准则——让超级 IP 爆红的利器
- ▶ 4 个痛点——正确引导超级 IP 内容营销
- ▶ 认知误区——理性看待超级 IP 的实质

021　取胜之道——超级 IP 掘金必备能力

超级 IP 强大的影响力、号召力使它们成为一种新的经济模式，在各种内容形式的 IP 带动下，超级 IP 正在逐渐摆脱文娱产业的束缚，开始向整个经济市场迈进。

下面将介绍超级 IP 的掘金取胜之道，解析成为超级 IP 应该具备的能力。

1. 数据分析能力

如果有人想要为自己的产品代言，推广自己的产品，就需要具备一定的数据分析能力。需要分析的数据如图 3-1 所示。

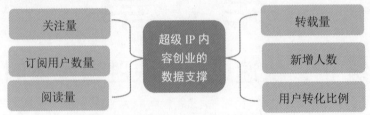

图 3-1　超级 IP 内容创业的数据支撑

各种数据的主要功能如下。

(1) 关注量与订阅用户数量等数据说明了你的内容被多少人推送。
(2) 阅读量可以体现你的文章标题是否具有吸引力。
(3) 转载量可以体现内容质量的优劣。
(4) 新增的关注与订阅人数则说明了持续输出的内容是否有价值。
(5) 用户转化比例数据可以体现你推广的产品解决用户需求的程度。

例如，被称为"数据模型下的神奇预言家"的大卫·罗斯柴尔德(David Rothschild)，就曾运用数据分析技术成功预测出奥斯卡奖项，如图 3-2 所示。

图 3-2　大数据成功预测奥斯卡奖项

同样地，自媒体运营者运用大数据来分析超级 IP、产品及用户等数据，实现更精准的营销，其主要方法如图 3-3 所示。

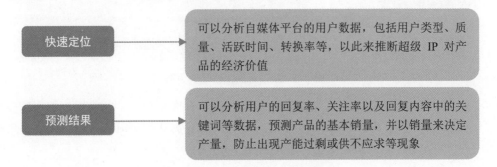

图 3-3　大数据分析的相关方法

2. 运营维护能力

社交平台是在自媒体时代获得用户的关键阵地，对于超级 IP 来说，还需要掌握社交平台的运营维护能力。

例如，在微信公众号平台上，直接的产品销售是所有类型中最多的，而不仅仅只是店铺的线上平台。下面介绍的是柚子舍，这是一个化妆品品牌，主打安全护肤产品。对于用户而言，在微信里直接搜索"柚子舍"，便可搜索出有关柚子舍的微信公众号信息，其中有官方认证标志的就是正确平台。

柚子舍的全渠道营销在形式上主要表现为多种方式并用，比如建立微信号矩阵、通过垂直化运营获得更广泛用户等。在目标上则主要体现在以下两个方面。

1) 精准用户定位分析

柚子舍在用户定位分析并推出功能这方面进行了创新，与之相关的内容具体分析如图 3-4 所示。

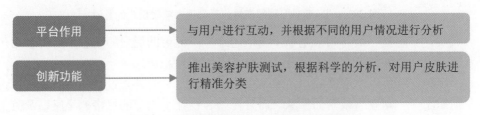

图 3-4　柚子舍微信公众号的用户定位分析

2) 活动分类激活用户

以活动刺激用户，进而实现用户的二次转化，这种形式的应用比较常见，但是柚子舍在此基础上进行了分类创新，相关分析如图 3-5 所示。

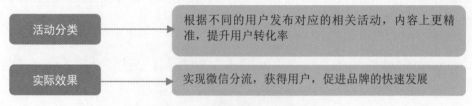

图 3-5 柚子舍的微信运营策略

总之,只有运营好微信、微博、QQ 等自媒体社交平台,才能将用户的力量转化为真金白银。超级 IP 可以在社交平台上与用户进行沟通和交流,并利用他们感兴趣的内容来吸引他们,即可从中获得巨大利益。

3. 设计创新能力

为了迎合自媒体用户的喜好,尤其是数据庞大的"90 后"用户,超级 IP 还需要掌握极强的新产品或服务设计能力。例如,腾讯、新浪微博中有一个十分个性化的表情包——"阿狸",就因为"萌"这个特点受到年轻用户的喜欢,如图 3-6 所示。

图 3-6 "萌萌哒"阿狸表情包受到很多年轻用户的喜爱

其实,"阿狸"最开始只是一个简单的绘本,但借助优质的内容以及符合用户欣赏水平的设计,赢得了大量的用户,成为比较优质的大 IP。

"阿狸"之所以能取得成功,最主要的原因就是它的外表设计和用户定位。设计者不但赋予了"阿狸"较萌的形象,而且还为它设计了相应的性格、星座以及英文名称,并将用户锁定在年轻的学生和女性白领群体上,使其得到很快的传播。

另外,内容创新也是"阿狸"的一大特色,并且通过绘本、视频、表情包、壁纸以及周边商品等多种形式来传播。图 3-7 所示为"阿狸"绘本《阿狸·梦之城堡》中的部分内容。

"阿狸"在各类自媒体平台都拥有超多的用户数量。其推出的产品都是以自媒体为基础，使用碎片化的内容来潜移默化地影响用户，加强"阿狸"在他们心中的品牌烙印。

从"阿狸"的成长之路可以发现，自媒体内容需要迎合用户来进行设计，这也是塑造超级IP的基础。

经典语录："阿狸"使用"治愈系"的文字风格，来塑造一个比较完美的世界观，让被现实摧残的人们可以找到心灵上的寄托，享受纯粹的幸福

故事情节："阿狸"的绘本故事主要以感动和温暖为特点，通过揣摩人们的心理需求，打造一个无忧无虑的童话世界

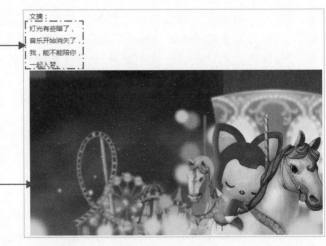

图3-7 "阿狸"绘本《阿狸·梦之城堡》中的部分内容

4．建造供应链能力

供应链是一个比较完整的体系，超级IP内容创业的供应链包括内容策划、内容生产、内容传播渠道、内容变现形式、内容销售渠道以及内容的二次销售等，如果你只会策划制作内容，而不会将其传播到自媒体中，那么基本上都是白搭，因为用户根本看不到你的东西。

因此，超级IP最后还需要掌握灵活的供应链，这样才能有动力和经济基础去持续输出优质内容。图3-8所示为超级IP产业的供应链。

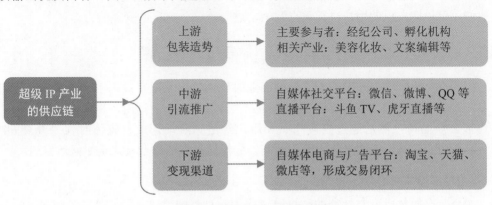

图3-8 超级IP产业的供应链

>
> **专家提醒**
>
> 超级 IP 可以灵活运用供应链组织能力，将供应链渠道与 IP 相对接，并将供应链中的采购、生产、设计、物流等服务进一步完善，通过实体生产自媒体中宣传的产品，然后利用自媒体平台来整合上下游资源。

例如，前面介绍的"阿狸"就拥有很多的实体产品在销售，包括毛绒公仔、搪胶产品、服饰、家居用品、文具等自营加授权产品共 1000 余种。据悉，由"阿狸"这个经典动漫形象衍生出来的"趴趴狸"和"抱抱狸"等产品，一经推出其销量就十分火爆。

这些产品通过将"阿狸"的用户变成了自媒体电商平台的顾客，也进一步证实超级 IP "自带流量"的属性。通常，店铺只需要管理和运营供应链，而其他如选款、设计、搭配到生产等环节，都是自媒体电商平台经过与用户互动、收集数据、分析数据等一系列工作，然后将商品上架到自媒体电商平台并展示和推广到用户端。

在超级 IP 的供应链中，上游的包装造势、中游的引流推广以及下游的变现渠道都在不断地横向延伸和扩展，同时还引起了资本的关注与投入。

>
> **专家提醒**
>
> 超级 IP 是自媒体中的典型内容创业者，他们通过原创的优质内容来扩大自己的影响力，吸引并聚集大量用户，形成品牌 IP，这也符合我国"互联网+万众创新"的基本要求，其供应链的发展也带动了其他周边行业的变革。

通过这些案例可以发现，超级 IP 自带强大的流量属性，在他们的高额销量以及融资数据背后，其实正是产业链中游的社交平台和直播平台上的千万量级的用户。可以说，超级 IP 就是某种意义上的明星，他们本身的 IP 可以让用户转化为购买力，同时他们还可以向自己的用户进行垂直营销，进一步强化自身的变现能力。

022 4个步骤——打造超级 IP 的必经之路

超级 IP 的出现将人们带入了新的商业时代，他们不但有效刺激了新销售经济的发展，而且曝光度和交易频率也越来越高。大量超级 IP 的涌现，将他们代表的品牌推到了公众面前，然后通过内容产品和用户经济，逐渐形成自媒体时代"社交+电商"的新商业模式。下面将从 4 个方面具体分析这种新的商业模式是如何运作的。

1. 自媒体平台的社交引流

如今，自媒体电商与社交的结合已经成为一种新的趋势，尤其是各种超级 IP 的崛起为其注入了更多的动力。例如，新浪达人通、微卖、微店、微盟萌店、京东拍拍小店等都是社交电商的代表。

例如，微店依托于移动互联网，提供了更多的推广渠道和方式供超级 IP 选择，如微信、朋友圈、QQ 好友、QQ 空间、易信好友、易信朋友圈、新浪微博、二维码、Facebook、Twitter、Pinterest、手机短信等。

手机微店营销的整个流程中，朋友圈运营可谓重中之重，是培养老用户的重要基地，同时也是开发新客户的重要窗口。

社交电商说得简单点，就是通过微信、微博等社交平台和用户"交朋友"，让他们关注自己，然后在这些社交平台上发送优质内容来引导用户们支持自己，购买自己的产品。

在社交网络做电商营销，要先研究朋友圈的特性。朋友圈特性很好理解，有两个特性，即朋友和圈子。

专家提醒

自媒体平台社交的核心要点在于"深化与朋友关系"。因此，超级 IP 要通过内容与互动等形式，把这种"弱关系"转变为"强关系"，将关系放在首位，深化与用户的关系，才能迎来长期、高质量的发展和收获。

同时，各大自媒体电商平台也十分关注超级 IP 的用户经济效应，积极招募超级 IP 入驻，以实现最大化的商品营销效果。例如，健身红人"郎叔健身"就是北京某健身中心的金牌教练，通过微博来接受用户的在线私教预约。

"郎叔健身"不但在微博上发布大量的健身类资讯吸引用户，还在微博首页为自己的淘宝店铺引流，通过这种方式来实现内容变现。

自媒体平台的社交引流是电商平台的最佳引流方式，它可以让超级 IP 的"自说自话"演化为"让别人帮你说话"。成功引流后，话语权已经不再在超级 IP 一方，而在用户一方。因此，超级 IP 只有强化跟用户的关系，让他们为你布道，才能塑造未来的 IP 变现优势。

2．孵化器的运作

一个普通创业者在成长为超级 IP 的过程中，肯定有一个平台让他变红。如今，红人经济带来的收益让很多企业蠢蠢欲动，产生了一大批"超级 IP 孵化公司""超级 IP 培训中心"等，使 IP 形成了一种流水线生产模式，IP 形成模式的转变如图 3-9 所示。

这些超级 IP 孵化器提供了店铺运营、供应链支持、打造超级 IP、用户营销等一站式服务，典型代表有如涵电商和 LIN 家。

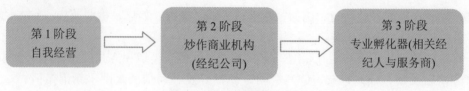

图 3-9 IP 形成模式的转变

1) 如涵电商

如涵电商的主要特点如图 3-10 所示。

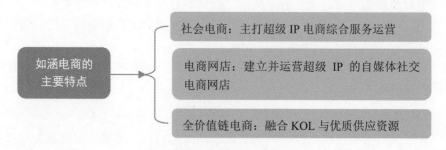

图 3-10 如涵电商的主要特点

如涵电商是一个比较低调的"超级 IP 孵化公司",从百度中甚至搜索不到它的官方网站,但它创造了很多高调的爆款 IP,如张大奕、大金等超级 IP 店主,他们的供应链服务和网店运营工作都是由如涵电商来提供的。图 3-11 所示为如涵电商的运营模式。

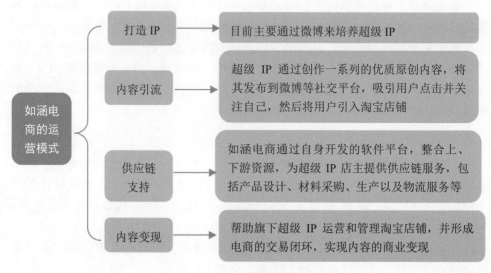

图 3-11 如涵电商的运营模式

> **专家提醒**
>
> 大部分的超级 IP 都不是一个人在战斗，他们在社交平台上发布的每张照片、每段文字，都是经过其背后的经纪公司的审核和同意的。

2) LIN 家

LIN 家会在微博上选择一些小有名气的 IP 来签约培养，看中的便是他们拥有的用户数量和可以开发的变现能力。LIN 家的创始人叫张瑜，他的妻子张林超的另一个身份就是淘宝红人店家，据悉她的微博用户达到 740 多万。通过 LIN 家的包装与运营，张林超的用户数量和店铺销量也节节攀升。图 3-12 所示为 LIN 家的运营模式。

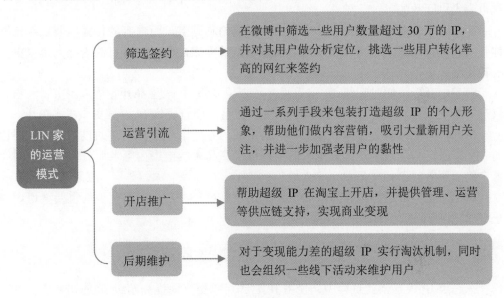

图 3-12　LIN 家的运营模式

3. 供应链的构建

当 IP 被孵化器捧红后，就要开始打造一个供应链来实现变现，让前期的付出得到回报。在供应链下游，IP 的销售端主要包括两个部分，如图 3-13 所示。

图 3-13　IP 供应链的销售端

而在供应链上游，超级 IP 主要在微博上输出各种内容，但商业性质比较明显，如日常生活和服装展示等，形式以图片和视频为主。

孵化器的兴起带来了一股新的经济力量，通过对超级 IP 进行专业的培训和包装，并制订可行的盈利方案，以及提供流水线的供应链支持，可以缩短普通人的 IP 打造之路。

4．电商的运作

单单从表面账单来看，也许超级 IP 与淘宝中的皇冠卖家似乎打了个平手，但 IP 背后的超级 IP 模式要比传统电商更具竞争力，因为他们有大量用户的支持，这是传统电商难以匹敌的。

超级 IP 的电商运营主要建立在内容制造的基础上，而内容的传播则要依靠自媒体强大的分享功能，当内容被引爆，流量就自然而来，此时才有可能为电商带来更多的转化率。

随着电商巨头们对超级 IP 的重视，越来越多的 IP 衍生品开始进入淘宝、天猫、京东等电商平台，不但可以给电商带来更多流量，而且也为 IP 变现提供更多渠道。

例如，时光网就是一个以电影 IP 衍生品为主的电商平台。它通过销售电影周边的 IP 原创产品，为喜欢这些电影的用户提供高品质的电影内容及服务，如时光网商城中的《魔兽》IP 衍生产品——人偶。

总之，电商的运营对于 IP 创业者来说至关重要，它是实现变现的重要渠道，关乎 IP 的生存命运。

023　5 种策略——超级 IP 内容创业必备法宝

在超级 IP 内容创业过程中，使用 IP 营销可以更好地提高超级 IP 的知名度，也能收获大量的用户，这些都是将来变现的基础。那么，超级 IP 内容创业的主要路径是什么呢？下面给出了一些玩转超级 IP 的策略，可以让你一步步走上超级 IP 内容创业之路，让你的 IP 变得更有吸引力，更有营销价值。

1．学会表达自己

在自媒体时代，普通人要想成名并不是一件简单的事情，如果找不到正确的套路，只是一味地想引人注目，这样也是红不长久的。因此，每个超级 IP 都需要根据自己的特点，选择适合自己的套路(即内容)来包装自己、表达自己，让更多人看到自己的特色，从而关注自己。

例如，如果你想像很多明星一样靠颜值成名，但长相是天生的，如果你的自然条件不那么引人注目，此时也可以借用软件来后期修一修。其中，"美颜相机"App 就是一个不错的手机自拍应用，可以帮助用户一秒变美，效果非常自然，让照片中的肤质更白、润、透，成为超级 IP 常用的修图工具。

"美颜相机"App 的一键美颜功能比化妆品还神奇，内置十多种美颜风格，用户可以任意选择。进入"美颜相机"App 后现场拍摄或从手机相册选择照片，然后点击"进入高级美颜"按钮即可。

进入高级美颜模式后，点击左下角的"一键美颜"按钮，即可快速美化照片，还可以左右滑动屏幕，切换美颜风格，让照片瞬间高大上。

需要注意的是，在表达自己时不能只靠颜值，这个时代讲究的是"明明可以靠脸吃饭，却偏偏要靠才华"，美丽只是展示自己吸引用户关注的第一步，在创造 IP 时还需要学会配合一些条件，如最美教师、最美清洁工、最美医生等，将美貌与才华、正能量等结合在一起，这样才能红得更长久。

2. 重视价值输出

当你的 IP 开始崭露头角时，此时想必已经获得了一些用户，如何巩固这些用户就是接下来要做的重要工作了。可以输出一些有价值的内容，来加强用户的忠诚度。

例如，在网络时代，文字的真实性越来越受到怀疑，而主打真实声音的 App 却开始流行起来。一个标榜微博式电台的名为喜马拉雅 FM 的 App 吸引了数亿人的目光，其所依靠的就是真实的声音，利用声音作为内容为用户带来价值。

为了进一步使用户认可 App，喜马拉雅 FM 推出了微博主题活动"对 1.2 亿人说"。一个以用户为中心的微博主题活动吸引了 3500 万的阅读量，充分体现了用户对于真实声音的渴望。

另外，从 IP 的定位而言，喜马拉雅 FM 就较为成功，它为用户提供了有声小说、相声评书、新闻、音乐、脱口秀、段子笑话、英语、儿童故事等多方面内容，以满足不同用户群体的需求。在 App 的功能上，喜马拉雅 FM 也以真实性的声音为中心，得到许多用户的关注。

无论何时何地，IP 的内容营销最重要的一点就是聚焦用户的痛点、痒点，即他们最关心的问题、他们的兴趣点和刚需，超级 IP 可以从这些方面为他们带去更有价值的内容。痛点是一个长期挖掘的过程，但是超级 IP 在寻找用户痛点的过程中，必须注意图 3-14 所示的事项。

那么在超级 IP 的内容营销中，用户的主要痛点有哪些呢？笔者总结为图 3-15 所示。这些痛点都是跟用户切身相关的，超级 IP 在创作内容的过程中，可以以这些痛点为标题，直击用户心理，吸引用户关注，并弥补用户在社会生活中的各种心理落差。

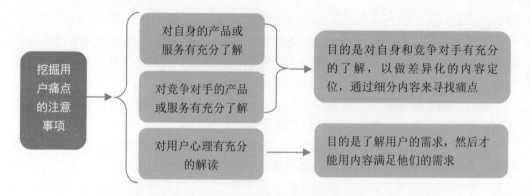

图 3-14　挖掘用户痛点的注意事项

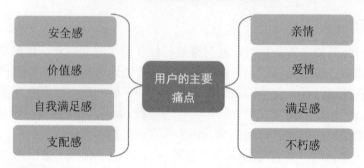

图 3-15　用户的主要痛点

3. 引起用户共鸣

超级 IP 需要特别注意一个关键点，就是自己的内容如何引起共鸣。只有这样才能让用户过目不忘，或者打动他们，使他们产生情感上的共鸣。总的来说，能引起共鸣的内容需要遵循图 3-16 所示的 4 个原则。

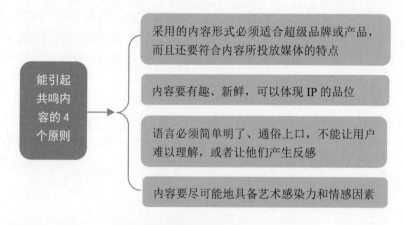

图 3-16　能引起共鸣内容的 4 个原则

在超级 IP 营销中，情感营销的共鸣效果是最佳的。情感的抒发和表达已经成为新时代的重要媒介，有情感价值的自媒体内容往往能够引起很多的共鸣，从而提高用户对 IP 的归属感、认同感和依赖感，情感消费是一种心理上的认同，是一种情感上的需求，因此也可以称之为感性消费，相关介绍如图 3-17 所示。

图 3-17　情感营销的要点

情感营销和用户的情绪挂钩，超级 IP 可以通过文字、图片的组合，打造出一篇动人的故事，然后通过故事挑动用户的情绪。可以说，情感营销是一种基于个人主观想法的营销方式，这部分人群最关注自己两方面的需求，即精神世界的内容和情感的需要。

因此，在创作情感类的文案时，需要富有感染力，尽量达到图 3-18 所示的几个方面的作用。

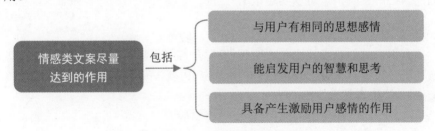

图 3-18　情感类文案尽量达到的作用

那么情感该从哪些方面挖掘呢？笔者给出以下 4 个方面的建议。
(1) 爱情：主要是指人与人之间的一种强烈的情感关系，如夫妻、情侣等。
(2) 亲情：主要是指亲属之间的情感，如父子、兄弟、姐妹等。
(3) 友情：主要是指朋友之间的情感，能够给人带来温暖的情怀。
(4) 情感需求：满足人们精神上的享受。

爱情、亲情、友情是人们老生常谈的 3 种感情，而第四种情感需求是指除了爱情、亲情、友情之外的所有情感因素。人的情感是非常复杂的，不论是满足人们的哪种情感或情绪需求，都能打动人心，走进用户的内心，实现 IP 营销的目的。

例如，一篇发表在百度"情感吧"名叫"我和校花一起的日子"的文章，标题和开头都是纯粹地讲故事，在吸引足够的目光之时，才将店铺链接推出来。

故事类创作内容多为通过故事来表达情感，通常被发布在公众号或微博等自媒体平台上，便于用户与自媒体运营者进行互动。这种内容拥有非常大的发挥空间，因为其表现形式不受拘束。

在情感消费时代，质量和价格已经不是消费者唯一看重的东西，情感和心灵上的共鸣也是他们所追求的东西。

所以，超级 IP 在进行 IP 营销时，不仅要重视 IP 和用户之间简单的内容输出关系，还要关注相互之间的情感交流，需要通过自媒体平台的版面设计、图片选择和文字描述来满足用户追求舒适、美感、品位的需求，通过情感营销来满足用户的精神需求，这对超级 IP 实现长远目标是非常重要的。

例如，2019 年 1 月 5 日，湖南卫视推出《我家那闺女》，这是一档以"独居"为主题的大型明星观察类节目，由一些明星与父母共同参与，每期通过四位闺女的真实生活将现实女性的生活困惑、代际关系的矛盾、职业、社会交际等现实问题充分地凸显出来，引发社会讨论与观众共鸣。《我家那闺女》以明星来包装 IP，以亲情、爱情作为主要内容，引发了一场"好好去生活"的理念的传播。此外，在新浪微博中，许多用户也积极参与#我家那闺女#的话题互动。

对于超级 IP 来说，情感是一个很重要的特征和属性，任何有情感的事物都能在人们的内心产生共鸣，可以为超级 IP 提供一个良好发展的必要条件。

4．学会圈粉拉新

拥有用户的创业者或企业才能越做越好、越做越大，才有可能成为爆款 IP，用户数量和质量决定了 IP 的未来。没有用户的 IP 就没有影响力，"圈粉拉新"吸引流量是超级 IP 的生存之本。

下面介绍两个超级 IP 吸引流量的经典案例。

1）"西瓜王子"创业记爆火 QQ 空间

夏季是西瓜上市的旺季，行业竞争很激烈，在某次机缘巧合下，"西瓜王子"沈栋彬在 QQ 空间里发现了商机，那就是在西瓜上刻制各种具有特色的图案，然后上传到 QQ 空间，从而空间的访问量大增，很多用户慕名前去买他的西瓜，甚至出现了供不应求的情况。

"西瓜王子"利用创新思维，通过建立 QQ 群，加了很多用户进群，在群中多方探寻用户的喜好，然后为用户刻上需要的图案，这些图案有商标、建筑、超级英雄、卡通动漫等，再把这些照片发布到 QQ 空间里，图 3-19 所示为"西瓜王子"雕刻的创意西瓜图案。

从"西瓜王子"的 QQ 空间引流案例来看，创意是非常重要的，并且注重细节和把握时机，在这两者的基础上，"西瓜王子"还会将自己的联系方式以及专属 Logo 刻在西瓜上，打出了自己的超级 IP。

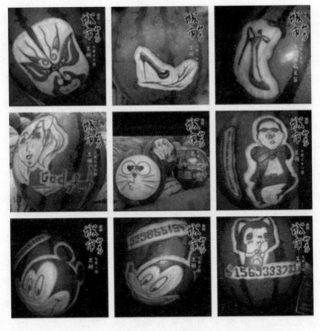

图 3-19 "西瓜王子"雕刻的创意西瓜图案

同时,"西瓜王子"还会通过论坛了解当前的一些热点事件,将与事件相关的图案刻在西瓜上。在 QQ 空间里,"西瓜王子"还专门建立了名为"卖瓜记"的相册,这个相册里收集了"西瓜王子"的作品及一些生活见闻,加强了他在用户心目中的印象。

> **专家提醒**
>
> QQ 空间文案的内容要想抓住人们的注意力,就必须引起大家的共鸣,为接下来的产品销售打下"群众"基础,才能将内容营销成功地运行下去。从"西瓜王子"的案例中可以看出,将艺术性、创意性内容与 QQ 空间营销相结合,能够挖掘出巨大的潜力。

2)"伟大的安妮"用真实漫画故事打动用户

在微信上,很多人通过真人真事感动了一大批用户。例如,在微信公众号上发布的一篇文章(名称为"对不起,我只过 1%的生活"),讲述的就是一个真实的故事,作者是陈安妮(笔名:伟大的安妮)。

该作者是一个"90 后"微创业女生,出版了多部作品,这个故事讲述的是自己的奋斗历程,里面充满了心酸和感动。该文案一经发布,瞬间吸引了众多用户的关注,文案在一天内引发了超过 40 万的惊人转发量,而通过这篇文章,陈安妮推出了一款 App——"快看漫画",也获得了巨大成功。

早在 2012 年，陈安妮就在微博上连载根据自己和男友真实故事改编的《安妮和王小明》系列漫画，获得了大量用户的关注和喜爱，一步步积累了超高人气，甚至还创下过"一周增粉 76 万"的纪录。

由此可见，当一个 IP 概念生成后，就需要用户的交流，并不断迭代同质化的内容作品。按照这种方式积累一定的原始用户后，通过各种社交平台来与用户互动，了解他们的需求，并以此来创造新内容，从而实现超级 IP 营销。

5. 引导形成品牌

当一个 IP 走完以上的"道路"后，接下来就是要引导形成品牌了，只有这样才能让人们认可你，才能形成持久的驱动力，将 IP 的力量推向最高处。例如，笔者通过各自媒体渠道扩大自己的影响力后，投资孵化了大量的项目，包括 HR 成长公社(原 HR 商学院)、人力资本、管理价值、今日才经、智库识堂、私孵成长器、胡华成频道、智和岛商学院等众多新媒体与实体项目，运营这些平台的目的就是形成品牌 IP。目前，笔者的全平台用户达到 600 多万，付费会员超过 10 万，人才孵化达到 300 多人。

同时，笔者在做这些互联网品牌项目的运营时，非常关注用户体验，喜欢与他们共同探讨传递品牌观点、提升品牌美誉度的新思路。例如，笔者一手打造的 HR 成长公社，是国内领先的人力资源智慧共享、资源整合、信息交流的专业社区媒体品牌，专门为国内的从业者及热爱人力资源管理的精英人士提供自我学习的在线互动平台，如图 3-20 所示。HR 成长公社这个品牌建立 5 年以来，一直在推动中国 HR 事业发展、帮助 HR 从业人员成长、帮助企业提高管理水平和进行人才培养的事业中贡献力量，致力于智慧的启迪和传承。

图 3-20　笔者打造的 HR 成长公社(原 HR 商学院)自媒体品牌

从国内来看，也有很多 IP 从最初的买手制到后来的自建工厂，这些小而美的 IP 店铺也正在向品牌化方向发展，充分说明了品牌是大 IP 和小 IP 的共同方向。

024　5 种方式——个人品牌爆款 IP 的盈利模式

前面介绍了一些超级 IP 内容创业的主要方式，对于个人品牌 IP 更重要的是如何变现。这是所有超级 IP 应该"挖掘"的，因为变现是所有 IP 的生存之本。那么，个人品牌爆款 IP 的内容有哪些深入的盈利模式？下面将为你具体讲述。

1. 知识交易

目前，内容市场上的主流盈利做法是："内容免费，广告赞助"，而知识交易则完全相反，它是一种直接收费的内容盈利模式。

例如，Vasterbottens-Kuriren 是瑞典北部的一家报刊公司，编辑部在制作新闻内容时十分用心，尽量挑选那些用户喜欢看的内容，致力于提高内容质量与品牌的关联度。据悉，有超过 60%的读者愿意付费阅读 Vasterbottens-Kuriren 的纸质和 App 电子版内容。

正如罗振宇提倡的"知识转化为交易"一样，Vasterbottens-Kuriren 的"知识售卖"其实已经是一种比较不错的 IP 盈利方式。

2. 社群电商

精准社群电商正在改变传统行业的销售格局，而且随着互联网思维、用户经济以及由此形成的社群电商等的发展，很多传统行业也在由资源思维向用户思维转变，其作用如图 3-21 所示。

图 3-21　社群电商的作用

例如，"米呀"完美融合"社群+电商"的模式，更加精准地解决了"90 后"母亲的问题。"米呀"对年轻母亲的需求进行分类，并制订精准的内容定位，如情感交流、求知解惑和记录分享三大模块，通过在 App 中建立多个时尚母婴视频社群，满足不同用户群的需求。

社群中的用户是 IP 变现的重头戏，用户不仅可以为企业带来品牌宣传上的传播，通过电商的方式还可以在社群中直接售卖商品来实现盈利。

3. 电商垂直化

如今，很多传统的电视节目也在探求新的盈利模式，其中垂直电商就是最佳的方式。当然，要想实现这一步，关键在于将观众变成用户。

例如，《明星大侦探》是芒果 TV 推出的一档悬疑侦探推理节目，从 2016 年 3 月开播第一季，至今已经上线到第四季了。

2018 年 12 月，《明星大侦探》推出了线上同款推理剧本 App"我是谜"。"我是谜"App 上线不到一年时间，现在已获得了 313 万的下载量，很好地完成了从电视节目到垂直电商的过渡。

《明星大侦探》借用 App 这种自媒体打入内容电商市场，将由上而下的电视场景转变成线上 App 的新型互动场景，使用户可以与 IP 进行更多的互动交流。这样更容易产生共鸣，从而促进产品推广。

4. 超级 IP 导购

对于那些拥有众多用户，而且具有强大号召力的超级 IP 来说，也可以通过多元化的超级 IP 导购模式实现盈利。

如今，在各种新媒体平台上，广泛活跃了一大群的超级 IP，他们拥有强大的影响力，甚至超过了很多意见领袖。其中，很多人会将自己的时尚观点以及使用的产品效果等内容分享给自己的用户，成为用户的购物意见领袖。

例如，weeSpring 是一个专注于母婴、儿童市场的电商导购平台，主要服务人群是那些有计划生孩子或者已经有孩子的父母。

weeSpring 的创始人兼 CEO Allyson Downey 表示："父母只想给孩子们最好的，而不在乎花多少钱。他们心中有一种深深的不安感，总担心自己会做错什么，所以有时他们会用钱来弥补这方面的不确定性。"

在 weeSpring 平台上，有内容的用户可以分享自己的亲子故事，有需求的用户则可以在这里征求购物建议或者比较不同产品的好坏，通过其他用户的评论找到自己喜欢的产品。

如今，基于自媒体的碎片化特征，很多电商平台都开始利用超级 IP 导购的方式来分销流量，成为达人为用户服务与盈利的工具。

5. 大 V 电商

自媒体超级 IP 盈利的方式五花八门，但与传统实体殊途同归的是，创造利润的根本途径在于用户的支持和购买行为。无论对于商家还是自媒体 IP 来说，用户永远是他们获取利润的源泉。

在自媒体中，大 V 通常指在新浪微博、腾讯微信、网易微博等平台上完成认证且拥有众多用户的超级 IP。同时，他们的账号中会附带一个类似于大写的英文字母"V"的图标。

对于大 V 来说，通过电商变现并不在于盈利的结果，而在于是否可以在实现变现的同时还能运营好用户，做到真正的双赢。那么，大 V 电商如何保证自身渠道长久发展？图 3-22 所示为其发展需求的两个方面。

图 3-22　自媒体大 V 电商发展需求的两个方面

在用户数量不断增长的过程中，若大 V 不能提供自己的运营标准，而只是一味地想着怎么赚钱，怎么从用户身上赚更多钱，则很可能会让用户失望，最终还会降低自己在他们心中的分量，那么盈利就更不要提了。

025　4 个技巧——成就高端超级 IP 品牌

俗话说"没有金刚钻不揽瓷器活"。这里的"金刚钻"指超级 IP 的能力和素质，而"瓷器活"是指卖的自媒体产品。下面主要向读者介绍打造优质个人 IP 品牌的四大技巧，帮助大家迅速成为超级 IP 行业的佼佼者。

1. 精通某一领域

其实，每个超级 IP 都可以成为自己细分领域的专家——对某一事物精通，或者说有自己独到的见解，能给别人中肯的建议，帮助他们创造财富，成为别人的人生导师。当然，这些都需要时间、经验的积累，也需要自己有一定的学识基础，再通过后天的勤奋与努力，就能成为某一领域的行家或专家。

例如，摄影构图细分领域的一位专家——构图君，现在已成为一名出色的摄影图书作家，在腾讯、千聊、网易等平台组织过多次摄影微课，用户数量已上百万，是"手机摄影构图大全"微信公众号的创始人。

2. 覆盖群体广

超级 IP 面对的大多是终端用户，直接面对的是用户本人。因此出售的产品所覆盖的用户群体范围一定要广，覆盖人群越广，产品的使用量就越大，销量就越高。

在刚刚出现超级 IP 这一职业的时候，为什么卖面膜产品的 IP 那么多，十个有八个都在卖面膜，而且价格还那么贵。这就是因为面膜覆盖的消费群体很大，几乎覆盖了所有女性和部分男性群体，市场很强大。到 2018 年的时候，虽然卖面膜的 IP 减少了很多，但面膜的销量依然很大。

3. 创造独特卖点

产品的卖点要独特是指产品拥有让人尖叫的优势，意思就是能够为用户提供良好的消费体验，有产品独特的个性。这种体验就是用户在使用产品的过程中对产品及其相关服务产生的一种认知和感受。这种体验的好坏直接影响了用户是否会对产品产生好感，从而进行二次购买。

很多 IP 都无法提供让用户满意的消费体验，原因就在于他们没有站在用户的角度为其仔细考虑。那么，爆品的成功打造为什么要展现优势，替用户考虑呢？笔者将这个原因总结为 3 点：①用户体验决定产品或服务的价值；②用户体验决定是否值得传播；③用户体验决定是否二次购买。

以茵曼品牌服饰店为例，它不仅全面体现出了自身的优势，还全心全意为用户考虑，做到了把消费者的体验放在第一位。比如，特别注重产品的细节方面带给用户的体验。以店铺的一款女式大衣为例，在产品的各处设计上，尤其专注于细节方面的打造。

(1) 经典的圆领设计，简洁大方，时尚百搭。
(2) 绑带的镂空设计，注重时尚体验。
(3) 不规则的下摆设计，注重个性体验。
(4) 口袋设计独特，没有束缚感，时尚自由。
(5) 立体收腰的设计，贴合人体曲线，提升视觉效果。
(6) 采用双排扣设计，精致帅气，更显时尚美感。

4. 树立好的口碑

随着时代的不断发展和进步，一个产品的口碑变得越来越重要，口碑营销也在市场中占据着举足轻重的地位。如何有效打造口碑，获得用户的一致好评，已经成为每个超级 IP 需要重视的问题。

在以前，口碑传播的途径比较单一，主要依靠人们的口头传播。在现今的自媒体时代，口碑的传播方式发生了翻天覆地的变化，从口头传播到通过各种移动设备互相交流、传播，口碑的传播方式越来越丰富。

用户可以利用移动端设备，随时登录微信、QQ、豆瓣、天涯、贴吧等社交软件，通过各种"空间"和"圈子"把自己对产品的使用感想发布出去，以供其他消费者借鉴和参考。这样，口碑传播的渠道就更加广泛，因为所有用来交流的平台都可以为口碑的传播出力。

因此，口碑传播的速度不仅更快，影响的人群范围也更广。所以，处在自媒体这个特殊的时代，面对越来越激烈的同行竞争，产品的口碑已经变得愈发重要，用户会根据口碑来对产品进行选择。

以知名火锅"海底捞"为例，该企业就是依靠高质量和无微不至的服务，来获得用户的一致好评，并因此声名远扬，拥有无坚不摧的口碑，已经成为业界的典范。"海底捞"从自身着手，所有流程的打造，都是本着"用户第一"的原则，尽最大的努力让顾客满意。这样用户才会自愿帮助企业宣传品牌、打造口碑。

专家提醒

"海底捞"的例子告诉每一个企业，要树立品牌，打造口碑，就得时时从用户的角度出发，为用户着想，一心一意为用户提供最优质的产品和服务，这才是超级 IP 成功的法宝。如果只是为了将产品销售出去，全然不顾用户的感受，失去了用户的支持，那么超级 IP 多半是不会成功的。

026 3 个准则——让超级 IP 爆红的利器

创意是内容营销的一种重要方式，如雷人颠覆、巧用明星热点、解密事件、亲密互动、原创个性、夸张运用等。只要灵活运用这些元素来打造优质内容，就一定能够吸引用户关注自己的产品或服务，进而实现购买行为。可以说，高质量的创意与内容是让超级 IP 爆红的利器。

1. 拥有好的创意

创意不但是超级 IP 发展的重要元素，同时也是必不可少的"营养剂"。超级 IP 如果想通过 IP 营销来打造自己或品牌知名度，就需要懂得"好的创意是王道"的重要性，在注重内容的基础上更要发挥想象力。

例如，2018 年 12 月 26 日，麦当劳推出了"第一桶金拱门桶"活动，以捞新年第一桶金为噱头，其话语为"送你 2019 第一桶金"，麦当劳的活动宣传内容如图 3-23 所示。

图 3-23 麦当劳的活动宣传内容

麦当劳的新年特价营销为人们带来浓浓的关怀，而且这种"送第一桶金"的噱头也成为快餐厅的创意噱头，吸引了众多用户的关注。

同样，在 IP 营销中，对于想要借助 IP 来塑造个人品牌的创业者或企业来说，创意也可以为你打响一定的知名度。当你打造出一个 IP 后，不能说明你就成功了，关键在于你的 IP 是否得到人们的承认，是否能够让人眼前一亮。

2. 积累行业经验

对于自媒体内容来说，如果只是单纯地强调"新"内容，对于当下的用户来说可能实用价值并不大，创意是吸引用户关注的入口，而内在价值才能牢牢拴住用户的内心。如果你要在内容形式上为用户带来价值，首先需要积累丰富的行业经验，这样的 IP 才能具备极强的前景性。

例如，热播古装权谋剧《琅琊榜之风起长林》之所以取得成功，离不开其背后的著名电视剧导演孔笙。孔笙担任过摄像、演员、导演等多种工作，曾执导《狩猎者》《茶马古道》《闯关东》《绝密押运》《极限救援》《生死线》《钢铁年代》《北川重生》《战长沙》《欢乐颂》《北平无战事》《父母爱情》以及《鬼吹灯》等多部影视剧，拥有丰富的导演经验与过硬的专业技能，这些都是成就《琅琊榜之风起长林》不可或缺的因素。

3. 掌握专业技能

专业技能与行业经验一样，也是打造超级 IP 内容的关键要点。尤其是直播内容中，如才艺、电竞、音乐、舞蹈、绘画、教学、财经等，专业性显得十分重要，可以为 IP 吸引用户增添筹码。

到底什么才是专业的技能？例如，"papi 酱"的视频在拍摄、剪辑上都是很专业的。还没有毕业的她，便掌握了拍摄机位、视频剪辑、表演等专业能力，而且还能把上海话、台湾话、东北话、英语等运用得很流畅，这些都是她专业的表现。

在过去，也许你可以通过一张搞笑、漂亮的图片而出名，如今却难以用这种简单的方式让用户买账。你要想比别人更胜一筹，就一定要比过去的这个品类内容做得更好、更专业。

027　4 个痛点——正确引导超级 IP 内容营销

在正确价值观的引导下，很多超级 IP 在时时刻刻为社会服务，他们这类"网红"确是红出了精彩，同时也红得了社会的尊重，而且红来了持续的用户群。当然，要成为这样的 IP 并不容易，要持续下去就更难，超级 IP 的内容营销存在四大痛点，是所有超级 IP 以及相关 ID 应该引起重视和急需解决的问题。

1. 低俗文化倾向

虽然超级 IP 拥有很强的吸金能力，但其最明显的痛点就是随时可能遭遇封杀的低俗文化倾向。

超级 IP 的火爆让政府部门也十分关注，他们进一步加强了对超级 IP 的行业管理。同时，文化部(现在称为文化和旅游部，简称文旅部)也针对主流超级 IP 进行彻底检查，查封了其中的涉嫌提供含宣扬淫秽、暴力、教唆犯罪等内容的互联网文化产品。

例如，针对超级 IP 的直播管理，文化部制定了《关于加强网络表演管理工作的通知》，主要内容如图 3-24 所示，相关从业者很有必要去了解其中的详细内容。这个通知的推出，可以有效加强网络表演的管理，使网络文化的市场秩序更加规范。

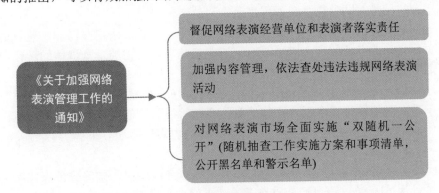

图 3-24 《关于加强网络表演管理工作的通知》的主要内容

因此，各个自媒体平台，尤其是网络表演的相关企业都要加强自身的管理，打造合法的内容，有序地经营，为用户带来更多拥有正确价值观的产品和服务。

2. 运作模式相似

自媒体平台上的内容平台虽然很多，但其运营模式和内容形式却大相径庭、如法炮制，同质化现象十分严重，这样容易让观众产生审美疲劳。

在超级 IP 市场中，同质化竞争的表现主要体现在内容层次方面，典型特点是同一类型的自媒体内容重复，而且内容替代性强。也许你今天红了，明天就很快被别人复制并取代了。

因此，超级 IP 在做内容营销时，不能一味地模仿和抄袭别人用过的内容，必须学会发散思维，摆脱老套噱头模式。可以从生活、学习、工作中运用发散思维，这样才能制作出有持续吸引力的内容。

当然，随着超级 IP 市场的进一步成熟，会出现更多优质的原创内容，这也是市场发展的大势所趋。超级 IP 必须持续地将生产内容衍生到各个领域，这样才可以实现更多渠道的流量变现，也才能拥有更强劲的生命力。

3．资本制约影响

超级 IP 市场引来了大量的资本关注和资金注入，这虽然为市场发展提供了强大的动力，但资本一般会对被投资人有一定的要求，这对于超级 IP 的内容创作也形成了一定的影响和制约。

因此，可以尽量寻找与自己内容观点相符合的投资商来合作，这样才能在内容中更好地体现出个人、产品、企业或品牌的内涵特点。

4．用户维护难度加大

随着自媒体时代的发展，每个人可能都拥有不同的社交平台、直播平台以及各种新媒体平台的账号，同时也会在不同平台之间游走。

例如，对于直播主播来说，直播的时间一般不会太长，用户可以非常随意地打开一个网页平台，或者关闭一个网页平台。这也意味着，主播的受众群体的转化成本实际上是非常低的。

在这种情况下，对于超级 IP 来说，要维护好一个稳定的用户群体就变得更困难。由于受众群体转移成本在自媒体平台中会变得很低，他们可以随心所欲地转换各种自己喜欢的平台或内容，也许会被其他平台的内容所吸引，而抛弃以前关注的对象，这对于超级 IP 来说就容易出现用户的流失。

因此，超级 IP 在进行 IP 营销的过程中，可以通过微博、微信等自媒体社交平台与用户进行深度互动，让他们在这个平台上投入一定的时间和精力，付出更多的成本，这样他们在转移时也会考虑这个转移成本的问题。

028　认知误区——理性看待超级 IP 的实质

超级 IP 经济可持续发展的空间是不可估量的，当然，IP 营销也有很多认知误区，需要经营者有深入的了解。下面主要介绍 3 个需要规避的 IP 认知误区。

误区一：超级 IP 就是网红经济

一个优质的 IP 肯定有不少忠实的用户，不过有用户并不意味着是 IP，比如一些网络红人，通过网络渠道发布自己的观点或是进行直播等形式收获了一批用户，具备了一定的影响力，现在一些企业也会找这类网红合作销售产品。

其实网红里有一部分是可以打造成 IP 的，不过在加深对 IP 的认知时，当然不能只关注网红这个领域。

误区二：超级 IP 做广告就是借势营销

其实，现在我们很容易看到 IP 营销，比如"罗辑思维"火了之后就有了自己销售商城的链接。"papi 酱"火了之后也会转发广告，或在自己的短视频中放广告。

正是由于这种超级 IP 做营销的情况很多，让人混淆了超级 IP 的授权营销和借势营销的区别，其实这两者之间是有区别的。比如，微博上很火的美食博主李子柒，她在微博上推送的一些产品就有很多用户乐意买单。因为这个微博 IP 更多销售的是一种生活态度，且已经有了足够的影响力，才能形成这样的营销。因此，超级 IP 的授权营销核心在于内涵和态度，而不是简单地借某个热门或红人的关注度来进行的营销。

误区三：超级 IP 就是知识产权

IP 是由知识产权的概念发展而来的，且多数是以文章、小说的形式呈现，但如果只将 IP 的概念理解为文章或是小说等知识版权，会让 IP 的含义没有那么丰富。例如，一篇非常火爆的文章或许并没有得到知识产权的保护，不是法律意义上的 IP，但因为其有影响力、有价值，在大众看来就是超级 IP。

比如，几年前作家周宏翔写的文章《地铁姑娘》，就温暖了很多人，在《见字如面》的节目上也有念到，虽然已是几年前发表在公众号上的一篇很短的文案，但价值和影响力依然存在。

第 4 章

自媒体的写作：掌握技巧，轻松写爆文

> 对于运营自媒体和打造自明星来说，有一个技能必须掌握，那就是自媒体文案写作。很多人刚开始写自媒体文案时，总会感到无从下笔，找不到方向。写出来的文案阅读量也不理想。本章就从这一难题出发，抓住 11 个要点来介绍自媒体怎么写出爆款文案，希望能有所帮助。

- ▶ 文案爆款标题的 9 个特点
- ▶ 文案标题评估的 6 个标准
- ▶ 写好爆款标题的 7 种思路
- ▶ 文案标题写作的 5 个误区
- ▶ 爆款文案开头的 5 种类型
- ▶ 爆款文案结尾的 4 种方法
- ▶ 用切身利益吸引用户关注
- ▶ 打造高营养有价值的内容
- ▶ 多总结金句抓住用户眼球
- ▶ 用短句打造文案阅读节奏
- ▶ 搜集文案素材的 5 大网站

029　文案爆款标题的 9 个特点

想要深入学习如何撰写爆款文案标题，就要掌握爆款文案标题的特点，只有掌握其特点，才能笔下生花。下面将从爆款文案标题的 9 个特点出发，帮助运营者更好地打造自媒体文案爆款标题。

1．控制字数，用语简短

对于自媒体文案标题来说，在一个适度范围内的标题字数才能更吸引读者，也就是说，文案的标题字数应该限制在一定的范围内。标题本身就是一篇文案内容精华的提炼，字数过长会显得不够精练，同时也会丧失读者点开文案阅读的兴趣。因此，在制作标题内容时，在重点内容和关键词的选择上要有所取舍，把最主要的内容呈现出来即可，切忌以段落形式制作标题。

其次，自媒体作者在撰写自媒体文案标题时，要注意标题应该尽量简短。简短的文案标题因其本身简洁的形式和清晰的组成，能让用户在阅读文案标题时很放松，不会产生疲劳感。

2．注重整体，统一风格

自媒体文案作者在给文案取标题时，还需要考虑标题与自媒体平台整体的风格是否统一、搭调。标题与自媒体平台整体风格统一与否，会影响到读者对该自媒体的整体评价，以及用户浏览、阅读文案时的阅读感受。而要做到标题与整体风格的统一需要考虑以下两个方面。

1)　自媒体平台定位的风格

每个自媒体平台在创立的时候，作者肯定都会对其要传播的内容有一个大致的规划和界定，而这些内容的方向确定就已经为自媒体平台的风格定下了基调。

2)　自媒体文案作者的性格

每个自媒体文案作者都会有自己的性格，而这种性格会在他所写出的文字中传递出来，这也就是所谓的写作风格。自媒体平台上文案的作者性格在很大程度上也会影响标题的风格类型，会在潜移默化中奠定自媒体平台的语言风格。

在考虑平台标题与整体风格统一的时候，要做好上述所说的两个方面的统一，这样才能真正做到整体的统一，形成属于自媒体平台独有的特色。

3．紧扣主题，避免偏题

文案标题是一篇自媒体文案的"窗户"，读者要是能从这扇窗户中看到文案内容的大致提炼，就说明这一文案标题是合格的。换句话说，就是文案标题要体现出文案内容的主题。

如果读者受到某一文案标题的吸引，但进入文案内容之后却发现标题和内容主题联系得不紧密，或是完全没有联系，就会降低读者的信任度，从而拉低文案的阅读量。这也要求自媒体作者在撰写自媒体文案标题时，一定要注意所写的标题与文案内容主题联系紧密，切勿"挂羊头卖狗肉"。

4．陈述形象，通俗易懂

自媒体文案的读者是一般的消费者，因此，在语言上要求形象化和通俗化。从通俗化的角度而言，就是尽量拒绝华丽的辞藻和大量不实用的描述，照顾到绝大多数读者的语言理解能力，利用通俗易懂的语言来撰写标题；否则，文案就无法达到带动产品销售的目的，无法实现文案及其产品的商业价值。

为了实现通俗化，自媒体文案作者可从 3 个方面着手，即长话短说、避免华丽辞藻的修饰以及添加生活的元素。

其中，添加生活的元素是一种常用的、简单的使标题通俗化的方法，也是一种行之有效的营销宣传方法。利用这种方法，把专业性的、不易理解的词汇和道理通过生活元素形象、通俗地表达出来，在标题中运用通俗化的语言陈述产品的作用和功能，在让消费者更容易理解的同时带动产品消费。

5．注重积累，用词吸睛

标题是一篇文案的"眼睛"，在自媒体文案中起着画龙点睛的作用。标题展示着一篇文案标题的大意、主旨，甚至是对故事背景的诠释。所以，一篇文案的阅读量高低与标题有着不可分割的关系。

自媒体文案中的标题，要想吸引读者，就必须有其点睛之处。如何给文案标题"点睛"是有技巧的。在撰写自媒体文案标题时，要加入一些能够吸引读者眼球的词汇，如"福利""秘诀""免费"等。这些"点睛"词汇，能够以其自身表现出来的"出乎意料"，让读者产生点击文案的好奇心。

6．促进收录，避免重复

百度是我国大型的搜索网站，具有一定的权威性，也颇得读者的信任。想要一篇自媒体文案获得更多的曝光率和阅读量，就需要借助百度搜索的功能。只有能够在百度中被搜索到，这篇文案才会显得更具权威性和公信力，自然也就会有人看。

但是，作者在撰写自媒体文案标题时要注意，如果文案标题能在百度里查到很多相似的地方，就不要采用了。千篇一律的文案标题只会降低读者的新鲜感，所以作者在撰写标题时，也要注意创新和另辟蹊径。

7．关注用户心理，考虑搜索习惯

自媒体作者在撰写自媒体文案标题时，要注意联系读者本身的搜索习惯来确定自己文案的标题。如果一味按照作者自己的想法，而不结合读者的实际情况，无疑是闭门造车。考虑读者搜索习惯时，要明白读者搜索的内容。读者搜索内容一般有3种类型。

(1) 导航类，指读者在搜索时有明确的网址，直接利用网址搜索想要的东西。

(2) 资源类，指读者在没有明确目标下，想通过网络搜索找到某类事物的情况，如搜索"抒情类流行乐""意识流小说""抽象派油画"等。

(3) 实用类，指读者想过要解决生活中的某一问题而产生的搜索行为，如"如何做可乐鸡翅""衬衣怎么洗才不会发皱"等。

从上述3种搜索类型的案例可以看出，读者在使用搜索功能时，目的性不一样，也就会使读者的搜索类型不同。所以，自媒体在撰写文案标题时要注意研究读者的搜索类型，掌握其搜索规律和搜索习惯，有针对性地进行标题写作才能保证文案有比较稳定的阅读量。

8. 展示亮点，避免夸张

文案发布的目的就在于吸引读者的注意力，最终促进产品的销售。针对这一目的，在文案标题的拟写过程中，应该注意将产品的最大亮点展示出来。这样可以让用户在看到标题时就能够感受到文案中所提及的产品具有怎样的特点，是否符合用户的需要，是否能满足他们的心理需求。

在文案标题的特征凸显这一层面上，可从多个角度来考虑，其中，最能打动读者的一般是表现出最新动态的产品特征。这是因为人们都有一种追求新奇的心理需求，总希望能够见证超越历史的某一时刻、某一事件。因而在文案标题中添加表现"最新"含义的词语，如开始、创新、终于等，往往更能吸引读者的眼球，引发巨大的轰动，获得更多的转载机会。

9. 展示价值，换位思考

在自媒体文案的撰写中，其标题设置的形式是多种多样的，体现出了语言的精妙和作者的巧思。再仔细看来，用户就会很容易发现一个事实，那就是那些吸引人注意的标题有一个共同的特点——提供给用户一个值得点击阅读的理由，这也是文案标题富有价值感的表现和直接证明。

在自媒体平台上的文案，有些标题是通过各种提问方式来体现价值的，还有些是通过陈述的方式来体现价值的。

当然，在文案标题的撰写形式上，还有着众多不同的价值表达方式，如省略式、悬念式、总结式等，这些都是围绕文案的价值感而展开的，是多样形式下的价值呈现，其目的就在于吸引用户的注意力。因此，价值感的体现是撰写文案标题必须遵守的原则之一。

030 文案标题评估的 6 个标准

自媒体在写文案标题时，要学会抓住标题的要点，只有抓住要点才能准确无误地打造标题。下面将从标题要点掌握的思路出发，重点介绍六大标准打造自媒体爆款标题的方法。

1. 是否给读者物质或其他益处

一般来说，一个好的自媒体文案标题要抓住读者心理。作者撰写文案和读者阅读文案其实是一个相互的过程，作者想要传达某些思想或要点给读者的同时，读者也希望能在这篇文案中获得益处或奖赏。

自媒体文案标题里所说的益处或奖励又分为两种：一种是物质上的益处或奖励，如图 4-1 所示；另一种则是技术或心灵上得到了益处，如图 4-2 所示。

图 4-1　物质上的益处或奖励案例　　　图 4-2　技术上的益处或奖励案例

2. 切入是否清楚直接、简洁明了

在流行快餐的当下，很少有人能够静下心来认认真真地品读一篇文案，细细咀嚼慢慢回味，人们忙工作、忙生活，也就铸就了所谓的快节奏。那么，自媒体文案的标题也要如此，要清楚直接，让人一眼就能看到重点，语言尽量简洁。

文案标题一旦复杂密集，字数过于冗长，便会给读者带去不好的阅读体验，让一个人喜欢你可能很难，但是要让一个人讨厌你却很容易。自媒体文案标题也是如此，一旦你的文案标题字数太多，结构过于复杂，词句拗口生涩难懂(专业性文案除外)，读者在看见你的文案标题时就已经不想再去阅读了，更何谈阅读内容。

一个文案标题的好坏直接确定了你文案阅读量的好或坏。所以，在撰写自媒体文案标题时，一定要重点突出，简洁明了，标题字数不要太长，最好是能够朗朗上口。这样才能让读者在短时间内就能清楚地知道你想要表达的是什么，读者也就自然愿意点击文案去阅读内容了。

3. 是否有创意并准确传达信息

这是一个讲究创造的时代，"中国制造"也早已变成了"中国创造"，在这样的大背景下，也对自媒体作者提出了更高的要求。在自媒体文案的标题撰写当中，也要抓住时代的趋势，学会在标题上下功夫。要怎样才能把自己的自媒体做到读者不得不看？就要独树一帜，有自己鲜明的风格和特点，让读者除了你别无选择，只要做到这样，你的自媒体文案就成功大半了。

那么怎样让自媒体文案标题独树一帜又风格鲜明呢？这就要求在撰写自媒体文案标题时，要有独特的创意，要想别人所不能想的或是想不到的。另外，标题的信息还要十分鲜明突出，要在瞬间抓住读者的眼球，争取达到让读者耳目一新的效果。

像这种既具有创意又信息鲜明突出的文案标题有两大类：一类是广告性质的，所写的广告文案标题极具创意又信息鲜明，但目的都是为某产品打广告，这类标题又分为隐藏性和非隐藏性；另一类是非广告性质的，这类标题的范围相对于广告性质的来说就更为宽泛了。还有一类非广告性质的创意标题，这类标题不是给某产品打广告，就只是一篇自媒体文案的标题。

4. 标题元素是否已达到具体化

"元素"一词最早是指化学里面的元素，后来该词广泛应用于计算机专业和生活等领域。这里所讲的元素是指某一事物的构成部分，所以"标题元素"也就是标题的构成部分。

一则自媒体文案标题的元素是否具体化关系着这篇文案的点击量，标题元素的具体化也就是尽量将标题里的重要构成部分说具体，精确到名字或直观的数据上来。

从读者的角度来说，读者也不喜欢看上去模棱两可的文字，人们往往更喜欢直观的文字。相对于文字来说，人们又对数字更为敏感，因为数字和人们日常生活中的很多东西挂钩，所以人们也更关注数字的多少和走向。

5. 是否能与产品紧密合理联系

在以往的作文写作中，有一种说法叫作"文不对题"，意思就是文案的内容和文案的标题完全不一样，这样的现象也叫作偏题。

在自媒体文案的标题写作中也可能存在类似的问题，如果读者看见一篇文案的标题之后点击进去查看内容，结果发现标题和内容根本不相符时，读者就会产生很不好的阅读体验，对这篇文案就失去了好感。这种不好的阅读体验很可能不仅仅局限于这一篇文案，更有甚者会对这个品牌失去好感，这也就说明了自媒体文案标题和内容要有联系的重要性了。

虽说写自媒体文案和写作文有小小的不同，但大致部分和过程是一样的。自媒体文案的写作其实也就相当于写一篇作文，只是这篇"作文"的目的更广、更大，它通过一篇自媒体文案来达到宣传某产品或某品牌的目的。

6. 是否能让读者产生阅读好奇

一篇文案的阅读量很高，有其多方面的原因，但一个十分重要的原因就是这篇文案的标题抓住了读者的眼球，激起了读者阅读这篇文案的兴趣。如果一篇自媒体文案的标题都不能引起读者的兴趣，那么读者也就不会去查看它的内容了。一个好的文案标题能让一篇文案成功一大半。

一个优秀的自媒体文案作者一定是很了解读者心理的人，他知道读者喜欢什么样的标题和内容，也知道用什么样的标题来勾起读者的阅读兴趣和好奇心，从而增加自己文案的阅读量。

031 写好爆款标题的 7 种思路

标题对于自媒体文案来说是不可忽视的一部分。可以这么理解，若是标题不具有吸引读者的效果，那么整篇文案一定不会被读者点击查看。下面将从标题写作的方法出发，重点介绍 7 种打造自媒体爆款标题的思路。

1. 分享收获经验

在生活中，包含经验分享内容的标题特别受读者喜爱，因为读者经常是以带有目的性的姿态去阅读文案，想在文案中汲取某一方面的经验与诀窍。当然这对自媒体文案作者的逻辑性要求也很高，一般是通过对各平台上的大量文案的阅读对比，给读者一个眼前一亮的结果，而且简单明了，让读者看过之后感觉收获颇丰。

另外需要注意的是，经验式标题下的文案内容，需要具有一定的权威性和学术性，至少经验性较强。切忌出现大量的抄袭，或者是网页上随便就能找到的内容。

2. 展示独到观点

所谓的"观点展示"类标题，是以表达观点为核心的一种自媒体文案标题撰写形式，一般会在标题上精准到人，会将人名和群体名称放置在标题上，在人名和群体名称的后面会紧接着补充对某件事的观点或看法。

下面就来看几种观点展示类标题的常用方式，具体内容如下。

（1）"某某认为/指出/称"形式，这类标题的观点呈现非常鲜明，以论述人口吻的形式展现出来。

（2）"某某："形式，这类标题通过冒号把人与观点隔开，很好地显示了提出观点的人，同时也让读者一眼就明白观点内容。可以说，在提出观点的人和观点之间制造一定的距离感，也是可以起到非常明显的突出作用的。

另外，观点展示标题还有一种形式，就是对提出观点的人做了水平或其他方面的层级定位的自媒体文案标题形式，其实也可以说是上面所示的基础标题形式的变体，它意在通过提升提出观点的人的层级定位来增加标题观点和文案内容的可信度。

3．帮助答疑解惑

疑惑自问式文案标题又称为问题式标题、疑问式标题。问题式标题可以算是知识式标题与反问式标题的一种结合，以提问的形式将问题提出来，但读者又可以从提出的问题中知道文案内容是什么。一般来说，问题式标题有 6 种方式，自媒体只要围绕这 6 种方式撰写问题式标题即可，如图 4-3 所示。

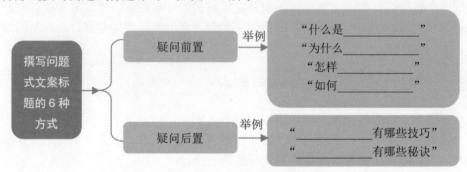

图 4-3　撰写问题式文案标题的 6 种方式

4．数字视觉冲击

数字冲击型标题也叫统计冲击型标题，就是在标题中说明了具体数据的文案标题形式。一般来说，数字对人们的视觉冲击效果是不错的，一个巨大的数字能与人们产生心灵的碰撞，很容易让人产生惊讶之感，往往人们一般都会通过数字想要得知数字背后的内容。

5．规整严肃可信

一本正经式标题一般都是比较正规严肃的，就像新闻一样，能给人可信的感觉。这类文案标题在新闻类网站能经常见到。这种标题的形式可以是单行，也可以是多行。标题里的要素可以包含时间、任务、地点、事件等。

一本正经式标题具备新闻标题的特点，有一定的权威性，所以经常出现在企业新闻类的网站或行业新闻栏目中。

6．灵活运用"十大"

所谓"十大"型标题，就是指在自媒体文案的标题中加入了"10 大""十大"之类的词语，如《暑假十大旅游热门城市》《2019年十大好书推荐》《全世界最酷的十大热门旅游景点》《十大电影中的黑科技》《气质女人的十大穿衣哲学》等。这种类型标题的主要特点如图4-4所示。

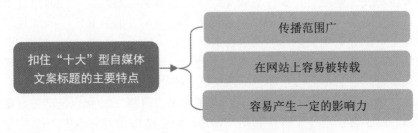

图4-4　扣住"十大"型标题的主要特点

7．加入流行词汇

流行词汇型软文标题，就是将网上比较流行的词汇、短语、句子(如"确认过眼神""C位出道""杠精""肥宅快乐××""全员恶人"等)嵌入文案标题中，让读者一看就觉得十分有新意、搞笑奇特。

这类文案标题紧跟时代潮流又充满创意，有夺人眼球的吸睛效果，读者十分乐意去点击查看这类文案的内容。这些流行语之所以能够流行起来，皆有其特点和原因。

"确认过眼神"出自林俊杰的歌曲："确认过眼神，我遇上对的人"，同时诞生了"确认过眼神，我遇上广东人"，借以吐槽广东人的过年红包面额很小，使得该梗爆红网络。

"C位出道"中的"C"是英文单词 center 的缩写形式，意思为中央、正中心的。"C位"则为中间位置、重要位置的意思。C位出道尤其是在明星艺人当中尤为明显，在娱乐圈里，C位是大咖位。

"杠精"特指善于抬杠，并且已经达到炉火纯青的地步。

"肥宅快乐××"是指高热量的食物和不健康的生活方式，因为它可以给肥宅群体带来快乐，并且可以让肥宅保持真正的肥宅必备的属性"肥"，是肥宅的自嘲，如肥宅快乐水指可乐，肥宅快乐鸡指炸鸡等。

"全员恶人"出自北野武的电影《极恶非道》(港译名《全员恶人》)的黑帮电影，常被大家印在T恤上，现在已经成为一种潮流，因而被网友们吐槽为"土味社会人"着装。另外，再加上格子裤和老爹鞋后，统称为土味套装。

032　文案标题写作的5个误区

在学习自媒体文案标题撰写时，作者还要注意不要走入误区，一旦标题失误，便对文案的阅读量造成不可小觑的影响。下面将从文案标题容易出现的误区出发，重点介绍五大误区，以便更好地打造自媒体文案标题。

误区一：追求创新却导致表述含糊

自媒体在撰写文案标题时，要注意避免为了追求文案标题的新奇性而出现表述含糊的现象。很多作者会为了使自己的文案标题更加吸引读者的目光，一味地追求文案标题上的新奇，可能导致在文案标题的语言上含糊其词。

何为表述含糊？所谓"含糊"是指语言不确定，或者表达方式或表达含义模棱两可。含糊有其本身具有的特性，主要包括歧义性、不确定性和笼统性。

自媒体在文案标题撰写上，如果出现了表述含糊的词藻，就会给这篇文案带来十分不好的影响。除了会让读者觉得作者不严谨外，还会造成读者的流失，得不偿失。

因此，在撰写自媒体文案标题时，尤其要注意文案标题的表达要清晰、重点要明确。要让读者在看到标题时，就能知道文案内容大致讲的是什么，只有这样读者才会觉得脉络清晰，进而阅读文案内容。

在撰写自媒体文案标题时，要想表述清晰，就要做到找准文案重点，明确文案中的名词，如人名、地名、事件名等，写出表达清晰、重点突出的文案标题。

误区二：追求有趣却导致关联度低

在自媒体文案的标题撰写中，十分忌讳在标题中出现与文案标题无关的词汇。这种现象在自媒体文案的标题写作中并不少见，一些文案作者为了让自己的文案标题变得更加有趣，而使用一些与标题没有多大联系，甚至是根本没有关联的词汇夹杂在标题中，想以此达到吸引读者注意力的效果。

这样的文案标题可能在刚开始能引起读者的注意，读者可能也会被标题所吸引而点击查看文案内容，但时间一久，读者便会拒绝这样随意添加无关词汇的文案，从而不再关注自媒体的消息。这种不好的影响对于一个品牌或者产品来说是长久的，所以，在撰写自媒体文案标题时，切忌将无关词汇使用到文案标题中。

在撰写自媒体文案标题时，词汇的使用一定要与文案标题和内容有所关联，作者不能为了追求标题的趣味性就随意乱用无关词汇，这不仅会对用户造成一定程度的欺骗，也会变成所谓的"标题党"。

在撰写自媒体文案标题时，注意词汇的使用方法，要学会巧妙地将词汇与文案标题的内容紧密结合，使词汇和标题内容融会贯通、相互照应，只有做到如此，才算得上是一个成功的文案标题。

在写自媒体文案标题时，用词也可以十分大胆，但一定要注意的是，要与文案标题的内容有联系，切勿做无关的文字游戏来引起读者的反感。所用词汇要能够让读者更加清楚地理解文案标题所要表达的意思，只有这样才能让读者对文案产生兴趣，进而点击文案。作者选用合适词汇巧妙植入文案标题还有一个好处，那就是长此以往，能够留住读者，拥有更为稳固的读者群。

误区三：追求吸睛而滥用负面表达

撰写一则自媒体文案标题，其目的就在于吸引读者的目光，只有文案的标题吸引到了读者的注意，读者才会想要去阅读文案内容。正是这一情况也让文案标题出现了一味追求吸睛而大面积负面表达的情况。

比如，"经常洗头，会给你的头皮带来巨大的伤害"这一文案标题，就是典型的负面表达，虽然能给读者带去一定的震惊，却不是一个很好的表达方式，如果将其换成"头发多久洗一次最健康？"，则表现出来的效果又大不相同，很显然后面改过的标题更能驱使读者阅读文案内容。

人天生都愿意接受好的东西，而不愿意接受坏的东西，趋利避害是人的天性，无法改变，这一情况也提醒着自媒体，在撰写文案标题时，要尽量避免太过负面的表达方式，而选择好的、健康的方式来表达。

作者在撰写自媒体文案标题时，要注意不要用负面的表达方式，带有负面表达的文案标题在给读者带去不愉快的阅读体验的同时，还会给自身的品牌带来负面的影响。所以，作者要学会将原本负面的表达方式，用正面的、健康的、积极的方式表达出来，给读者一个好的引导。

误区四：强行比喻却导致词不达意

在自媒体文案的撰写当中，经常会用到比喻式的文案标题。比喻式的文案标题能将某事物变得更为具体和生动，有化抽象为具体的强大功能。所以，在自媒体文案的标题写作上，采用比喻的形式，可以让读者更加清楚地理解文案标题中出现的内容，或者是作者想要表达的思想和情绪，对一篇文案阅读量的提高也能起到十分巨大的作用。

但是，在自媒体文案标题中运用的比喻，也要十分注意是否得当的问题。一些作者在追求用比喻式的文案标题来吸引读者目光的时候，常常会出现比喻不当的错误。所谓"比喻不当"，就是指本体和喻体没有太大联系，毫无相关性。

比如，"它的声音，让您倍感香甜"(某收音机广告文案标题)，在大部分情况下，声音是不能用"香甜"来形容的，"香甜"可以形容味道、气味等，却不能用于形容声音，所以这一收音机文案的比喻是不恰当的。

再如，"让您的秀发，一泻千里"(某洗发水广告文案标题)，这则广告文案的重点是想说明这款洗发水能够让用户的头发十分顺滑，但用"一泻千里"来比喻洗发水能够达到的效果是不妥当的。"一泻千里"一般是形容大江大河奔腾向前的气势，秀发的顺滑却不能和其扯上关系，这就是比喻不当。

在自媒体文案标题之中，一旦比喻不当，作者就很难在文案标题中达到自己想要的效果，那么文案标题也就失去了它存在的意义。不仅不能被读者接受和喜爱，还可能会因为比喻不当而被读者嘲笑。

误区五：强加观念而导致读者抵触

强加于人，就是将一个人的想法或态度强行加到另一个人身上，不管对方喜不喜欢，愿不愿意。在自媒体文案标题当中的"强加于人"就是指作者在撰写文案标题时，将作者本身或者某一品牌的想法和概念植入标题之中，强行灌输给读者，给读者一种气势凌人的感觉。

在自媒体文案当中，如果作者想要将自己或者自身品牌的理念强行灌输给读者，是十分不可取的。这样做不仅不能达到品牌推广的效果，还会让读者产生不满和抵触情绪，继而不再关注该品牌。这样一来，对一个品牌信誉度的损害是很严重的。所以，作者在撰写自媒体文案标题时，切忌将自己的想法或品牌的理念强加于受众身上。

033　爆款文案开头的 5 种类型

对自媒体平台上的文案来说，正文的开头是一篇文案中很重要的组成部分。它决定了读者对这篇文案内容的第一印象，因此要对它加以重视。一篇优秀的文案，在撰写正文开头时一定要做到以下 4 点：①紧扣文案的主题来写；②语言风格上要吸引人；③表达上陈述部分事实；④内容特点上要有创意。

一篇文案开头的重要性仅次于文案标题和主旨。所以在写文案时，一定要注意在开头就吸引住读者的目光，这样才能让读者有继续阅读下去的念头。下面介绍文案开头的 5 种写作类型。

1．想象猜测型

自媒体文案作者在写想象、猜测类型的开头时，可以运用一些夸张的手法，但不要太过夸张，基本上还是倾向于写实或拟人，能让读者在看到文字第一眼的同时就能够展开丰富的联想，猜测在接下来的文案中会发生什么，从而产生强烈的阅读欲望。在使用想象、猜测类型的文案开头的时候，要注意的就是开头必须有些悬念，给读者以想象的空间，最好是可以引导读者进行思考。

2．平铺直叙型

平铺直叙型也叫波澜不惊型，表现为在撰写文案开头时，把一件事情或者故事有头有尾、一气呵成地说出来，平铺直叙。这种波澜不惊型的开头方式，自媒体文案作者使用得并不多，更多的还是存在于媒体发布的新闻稿中。但是，在自媒体文案开头也可以选择合适的时候使用这种形式的写作方法。例如，重大事件或者名人明星的介绍，通过正文本身表现出来的重大吸引力来吸引读者继续阅读。

3．开门见山型

开门见山型的文案开头，需要作者在文案的首段就将自己想要表达的东西写出来，不支支吾吾，而是干脆爽快。自媒体文案作者在使用这种方法进行正文开头创作时，可以使用朴实、简洁等能进行清楚表达的语言，直接将自己想要表达的东西写出来，不用故作玄虚。需要注意的是，使用开门见山型的开头，正文的主题或者事件必须足够吸引人，如果主题或者要表达的事件没有办法快速地吸引读者，那么这样的方法还是不要使用。

4. 幽默故事型

幽默感是与他人之间沟通时最好的武器，能够快速搭建自己与对方的桥梁，拉近彼此之间的距离。幽默的特点就是令人高兴、愉悦。自媒体文案作者如果能够将这一方法用到开头写作中，会取得不错的效果。

在自媒体平台上，有很多商家会选择在文案中通过一些幽默、有趣的故事做开头，吸引读者的注意力。相信没人会不喜欢看可以带来快乐的东西，这就是幽默故事分享型文案开头存在的意义。

5. 引经据典型

在写自媒体文案时，使用名言名句开头，一般会更容易吸引受众的眼光。因此，自媒体文案作者在写作时，可以多搜索一些与文案主题相关的名人名言或是经典语录。

在自媒体文案开头，如果作者能够用一些既简单精练而又紧扣文案主题，并且意蕴丰厚的语句，或者使用名人说过的话语、民间谚语、诗词歌赋等语句，这样就能使文案看起来更有内涵，而且这种写法更能吸引读者，可以提高自媒体平台文案的可读性，以及更好地凸显文案的主旨和情感。

034 爆款文案结尾的 4 种方法

一篇优秀的自媒体文案也需要一个符合读者需求、口味的结尾，接下来对文案结尾的写作方法展开论述。

1. 首尾呼应法

首尾呼应法就是常说的要在文案的结尾点题。自媒体在撰写文案时如果要使用这种方法结尾，就必须做到首尾呼应——文案开头提过的内容、观点，在正文结尾的时候再提一次。

一般来说，很多自媒体文案都是采用总—分—总的写作方式，结尾大多根据开头来写，以达到首尾呼应的效果。如果在正文的开头作者提出了对某事物的看法与观点，中间进行详细的阐述，到了结尾就必须自然而然地回到开头的话题进行总结。

首尾呼应的结尾写法，可以起到强调主题、加深印象以及引起共鸣的作用，引导读者对文案中提到的内容进行思考。同时能让结构显得严谨紧密、内容完整，达到全文意思自然明确的效果。如果自媒体文案作者想要让读者对自己传递的信息留下深刻印象,那么首尾呼应法是一种非常实用的方法。

2. 号召用户法

如果自媒体文案作者想让读者加入到某项活动中,如邀请读者参与抽奖、集赞、留言以及问答活动等,就经常会在文案末尾使用号召法来结束全文。同时很多公益性的自媒体账号推送的文案,运用这种方法结尾也是十分常见的。

使用号召法结尾的文案能够让读者在阅读完文案内容后,产生共鸣,从而产生更强烈的意愿——想要参与到文案中发起的活动中来。图 4-5 所示为"茶颜悦色"微信公众号推送的一篇以号召法结尾的文案。

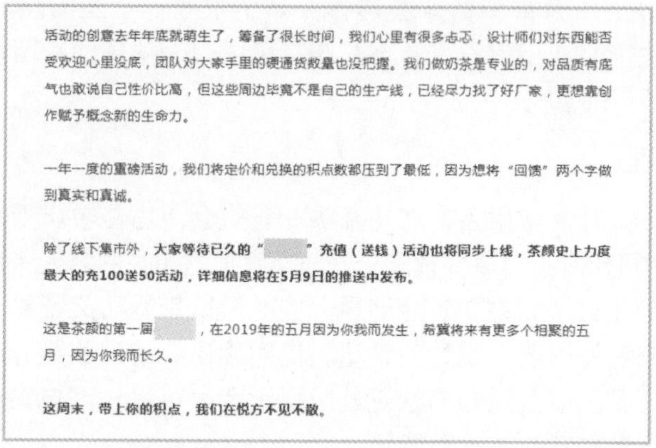

> 活动的创意去年年底就萌生了,筹备了很长时间,我们心里有很多忐忑,设计师们对东西能否受欢迎心里没底,团队对大家手里的硬通货数量也没把握。我们做奶茶是专业的,对品质有底气也敢说自己性价比高,但是这些周边毕竟不是自己的生产线,已经尽力找了好厂家,更想靠创作赋予概念新的生命力。
>
> 一年一度的重磅活动,我们将定价和兑换的积点数都压到了最低,因为想把"回馈"两个字做到真实和真诚。
>
> 除了线下集市外,大家等待已久的"▇▇▇"充值(送钱)活动也将同步上线,茶颜史上力度最大的充100送50活动,详细信息将在5月9日的推送中发布。
>
> 这是茶颜的第一届▇▇▇,在2019年的五月因为你我而发生,希冀将来有更多个相聚的五月,因为你我而长久。
>
> 这周末,带上你的积点,我们在悦方不见不散。

图 4-5 "茶颜悦色"微信公众号推送的一篇以号召法结尾的文案

由图 4-5 可知,在文案的结尾处,作者首先介绍了策划活动的努力,然后摆出读者参与活动能获得的福利,最后用"这周末,带上你的积点,我们在悦方不见不散。"结束全文。文案所传达出的号召力十分明显。

3. 推送祝福法

推送祝福法是很多自媒体文案在结尾时常会使用的一种方法。因为祝福式的结尾能够向读者传递一份温暖,让读者在阅读完文案后,感受到自媒体对其的关心与爱护,每个人都会喜欢美好而自然的情感表达。这也是能够打动读者内心的一种文案结尾方法。

图 4-6 所示为"十点读书"微信公众号推送的一篇以祝福法结尾的文案。在这篇题为"凡是错过,皆是安排"的文案中,作者在结尾处向读者表达了真切的祝福——"愿你,余生,有人爱,有人懂,护你余生安好。"

另外,文案结尾处的其他话语,在表达祝福的同时也提出了正确的做法和人生勉励——"不沉湎过去,不迷恋悲伤""不恋过去,不畏将来""不慌不忙地坚强",

从而为给出的祝福加持。

图 4-6 "十点读书"微信公众号推送的以祝福法结尾的文案

图 4-7 所示为"日食记"微信公众号发布的文案,这篇文案的结尾对读者表达了衷心的祝福,成功俘获了他们的心。相信读者看到这样的结尾,是会忍不住点赞的,也会主动分享,因为他们可能也希望传递这样一份祝福给亲朋好友。同时,看到这样的祝福,读者也会愿意阅读正文文案结束后作者介绍的美食制作方法。

图 4-7 "日食记"微信公众号推送的以祝福法结尾的文案

4．抒发情感法

在用抒情法撰写文案结尾时，一定要将自己心中的真实情感释放出来，这样才能激起读者情感的波澜，引起读者的共鸣。使用抒情法收尾，通常较多用于写人、记事、描述的自媒体文案中。

图 4-8 所示为“十点读书”微信公众号推送的一篇以抒情法结尾的文案部分内容展示。

所有的失去，都会以另一种方式回归。

就像跷跷板，只有一边低了，另一边才能高。

鱼与熊掌，往往不可兼得。

只有舍弃了一边，才能成就另一边。

那些你所失去的，其实是在帮助你收获另一种得到。

如果事与愿违，请相信一定另有安排。

当你因为失去而懊悔不已时，或许转角，就能收获另一种馈赠。

图 4-8 “十点读书”微信公众号推送的以抒情法结尾的文案

这篇文案题为“所有的失去，都会以另一种方式回归”，从标题来看就是一篇抒情式散文，看完全文，也确实如此。在结尾处，作者更是紧扣标题，用充满感情的话语来表达，能戳中无数有着相同经历或感受的读者的心扉，形成了强烈的情感共鸣，从而促进文案的转发和传播。

除了写人、记事、描述的自媒体文案外，说明文与议论文也可以用抒情式结尾，只是较为少见，可能文案中的相关内容也比较少。

035 用切身利益吸引用户关注

在现实生活中，总是存在与人们的切身利益息息相关的话题和关注点。例如，出行的人会关注目的地的天气信息，进行股票投资的人会关注股市行情和相关行业政策变化，以及人们会普遍关注的养老政策的变化等，这些都是基于切身利益而予以关注的方面。

自媒体文案作者基于众多读者的利益点进行切入，找准读者关注的理由，在此情况下撰写的文案是不难引起读者去点击阅读的。

例如，2019 年发布的有关汽车报废的新规定，是一项与有车一族密切相关的政策。针对这一新规定，某微信公众号推出了一篇题为“汽车报废新规将实施，你的旧车更值钱了！”的文案，如图 4-9 所示。对这一问题感兴趣的读者会不由得被吸引而自发阅读。

另外，对有车一族来说，油价的下降与上调直接影响自身的利益。一些自媒体平台从这一点出发，会经常关注这方面的信息，并撰写文案将这些信息及时分享给广大读者，如图4-10所示。

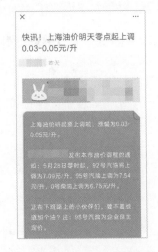

图4-9　关于汽车报废新规定的文案　　　　图4-10　关于油价上调的文案

又如，在如图4-11所示的微信公众号"新东方四六级"的文案"最后一次，拯救你的四六级词汇"中，绑定了即将到来的"四六级考试"这一与人切身利益相关的信息，那些正在忙着准备四六级考试的考生、家长和老师是很容易被吸引的。

图4-11　"新东方四六级"微信公众号发布的与四六级考试相关的文案案例

在这篇文案中，与考生利益相关的"四六级考试"为关注者提供了一个增强关注的理由，由此而绑定了相关领域和多个方面的关注者。

由上面的文案案例可以看出，只要能找准用户的利益关注点，吸引用户关注自媒体文案也就不是一件困难的事了。

036　打造高营养有价值的内容

对于自媒体来说，它之所以受到用户的关注，就是因为用户可以从中获取他想要的信息。这些信息必须是具有价值的内容，而不是人云亦云、胡乱编写的文案，后者带给用户的只能是厌烦情绪。

因此，在自媒体运营中，保证推送的内容是具有价值的、专业性的干货内容，有如图4-12所示两个方面的作用。

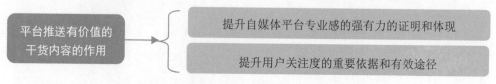

图4-12　平台推送有价值的干货内容的作用分析

通过自媒体推送的干货性质的内容，读者能够学到一些具有实用性、技巧性的生活常识和操作技巧，从而帮助读者解决平时遇到的一些疑问和难题。基于这一点，也决定了自媒体在运营方面是专业的，其内容也是接地气的，带来的是实实在在的经验积累。

图4-13所示为"手机摄影构图大全"微信公众号为用户推送的摄影构图技法和分析的文案案例。

图4-13　"手机摄影构图大全"微信公众号推送的摄影构图技法和分析的文案案例

037 多总结金句抓住用户眼球

相对于完整的文案来说，大部分记得的可能只是其中比较经典的句子。例如，"所有幸福的家庭是相似的，每个不幸的家庭各有各的不幸"，这句话很多人都知道，也有很多人知道它出自俄国著名作家列夫·托尔斯泰的《安娜·卡列尼娜》，但是读过《安娜·卡列尼娜》和仍然记得《安娜·卡列尼娜》的完整故事情节的人相对来说就要少得多，更不要说能完全背诵全篇的了！

可能有人会说，这是因为《安娜·卡列尼娜》太长了，其他比较短的就会好得多，然而，真的是这样吗？一般来说，诗都比较短，但是仍然有只知名句而不能背诵全篇甚至不知全篇的情况存在。

例如，"一寸光阴一寸金"这句诗，从进入学校开始，就常被人挂在嘴边，但是又有多少人知道其出处并能背诵全诗呢？该首诗的作者虽然处于以诗闻名的唐朝，但作者王贞白却不太为人所知，其《白鹿洞二首》(其一)："读书不觉已春深，一寸光阴一寸金。不是道人来引笑，周情孔思正追寻。"知道的人也比较少。

可见，无论是篇幅长的内容还是篇幅短的内容，如果没有金句、不是金句，想要被人牢牢记住是很难的。自媒体文案也是如此，需要在持续输出优质内容时打造金句，让读者被吸引，进而选择继续阅读文案。

那么，在自媒体文案中，什么样的句子才能称得上金句呢？在笔者看来，可称为金句的，一般有图4-14所示几类。

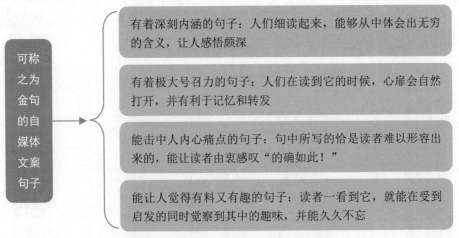

图4-14 可称之为金句的自媒体文案句子

图4-14中介绍的常见金句，一些自媒体大号一般都有它的身影，无论是哪一行业或领域，都能产生金句，只不过那些专注于生活认知的自媒体大号可能更多，如"十点读书"，可以说它的每一篇文案都有金句，可能还不止一处。例如，它发布的

一篇以"陪伴"为主题的文案就有很多金句，如图 4-15 所示。

图 4-15　"十点读书"微信公众号中以"陪伴"为主题的文案中的金句展示

图 4-15 中 3 个加粗的句子(不包括小标题)就是该篇文案的部分金句。其中，"婚姻并不是为了找长期饭票，而是一个可以相濡以沫的爱人"和"'白头偕老'，说白了，不过是，我们要一起，应对俗世的柴米油盐"，都是有着深刻内涵和能击中人内心痛点的句子。而最后一句"愿这世间，有人能陪你看遍世事繁华，直到万物沧桑"，具有极强的号召力，能带给人极大的心灵慰藉和企盼。

那么，自媒体人应该如何写好金句呢？在此，笔者举例介绍几种常见的能高效打造金句的方法，如图 4-16 所示。

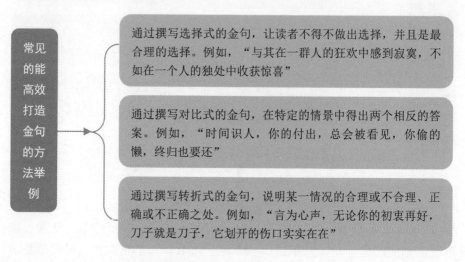

图 4-16　常见的能高效打造金句的方法举例

038 用短句打造文案阅读节奏

读者看到一篇文案,如果内容都是由有着多种修饰成分组成的句子,需要他们静下心来理解,那么,在快节奏的今天,是很难让读者坚持阅读完文案的。

一般来说,那些使用短句的文案,读起来朗朗上口,音节分明,更有节奏感。同时还能形成回环往复的气势,更好地表达文案的主题。因此,自媒体文案作者在撰写的过程中,应该多用简洁的短句,环环相扣,来激发读者继续阅读的兴趣。

自媒体平台上用于作为宣传口号的广告文案采用的都是短句,基本上是不会使用长句的。图 4-17 所示为美团推荐的短句广告文案。

图 4-17　美团推荐的短句广告文案

图中的短句文案"素人与明星,只有一根的距离",在短文案中,采用的是由两个短句组成的对比式的文案内容,不仅能把两者之间的区别表现出来,间接地让素人明白美甲的意义所在,还能增强句势。

另外,在自媒体平台上,除了一句话文案的广告口号外,朋友圈、微博等平台上的短文案也大多是用短句来表达的,如图 4-18 所示。

图 4-18　微信朋友圈的短句文案

其实，除了短文案采用短句外，自媒体平台上篇幅长的文案也大多采用短句。因为篇幅太长，文字描述太多，在这样的情况下再采用结构复杂的长句，那么愿意阅读的读者会变少。如果自媒体文案作者采用短句，且每一段话都比较短，文案看起来也更美观，阅读起来也无须担心错行和要拆解句子。这样读者阅读起来会更加方便，从而对自媒体产生好感，阅读更多平台的文案。

图 4-19 所示为一篇题为"1983 童年往事，带你回到此生最幸福的时光"的文案。可以看出，该篇文案采用的是短句，节奏分明，能让人不由得沉浸到内容所描写的氛围中去。

图 4-19　题为"1983 童年往事，带你回到此生最幸福的时光"的文案

039　搜集文案素材的 5 大网站

很多自媒体文案作者在坚持一段时间后，发现灵感逐渐枯竭，也不知道到哪里去找素材，此时应该怎么办呢？在笔者看来，自媒体文案作者可以试着从埋头写的状态中解脱出来，去看一看其他人是如何保持持续输出文案的。

其实，自媒体文案作者可能在水平和能力上是存在差异的，但是这些都是可以通过学习来提升的。特别是在网络发达的时代环境下，完全可以寻找一些资源丰富和方法实用的网站去学习。下面将具体介绍 5 个自媒体文案作者常用的网站。

1．易撰网站：功能多样化

在易撰网站上，自媒体文案作者可以获得多种服务和资源。当然，该网站上的功能权益也是有免费和付费之分的。其中，数据服务分析类与部分辅助工具类是需付费的，用户登录后需要成为会员才能享有。在此，笔者从免费功能权益出发进行介绍。

1) 编辑器

数据服务分析类、编辑器和辅助工具类是易撰的三大功能权益板块，其中编辑器中的功能权益是全部免费的，包括接力编辑、导入 Word/URL、预览等辅助功能和深度搜索，具体介绍如图 4-20 所示。

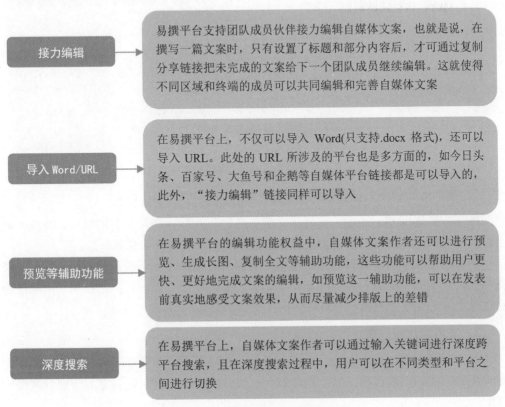

图 4-20　易撰的编辑器功能权益介绍

2) 辅助工具类

易撰上的辅助工具类功能权益，除了付费的视频批量下载、视频解析下载和视频下载器 PC 端 3 项功能权益外，还有一些是有次数限制的免费功能权限，如标题助手和质量评定，具体介绍如图 4-21 所示。

除了这些免费的功能权限外，易撰还有一些其他可以在免费情况下利用的功能，如免费风景图库、热点热词和明日发现等。例如，热点热词，自媒体文案作者可以从中寻找各种热点，然后根据自带流量的热点、热词打造文案内容，这样就能提升文案的阅读量。又如，明日发现，平台列出了本月后期的营销热点事件，为自媒体文案作者提供未来可能的热点，有利于用户提前搜集资料和准备宣传内容。

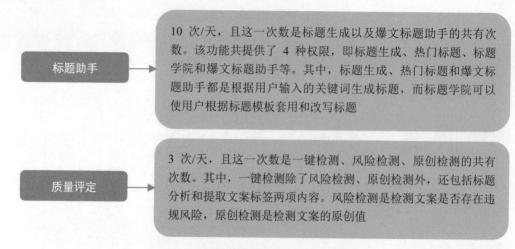

图 4-21　易撰的免费辅助工具类功能权益介绍

2. 学而行营销网：技巧案例众多

学而行营销网是一个能为自媒体文案作者提供众多技巧和案例的网站。在该网站上，用户可以通过网站首页上方的各个板块分类查找需要的素材和资源。

用户点击相应的类目，就可进入相应页面，看到该类目下的各种技巧、规则、资源和案例，这些都能为自媒体文案作者提供借鉴。用户可以在页面上按照时间顺序查看相关文案，也可以查看该领域的热门文案。

3. 文案狗：按需搜寻内容

对自媒体文案创作者来说，文案狗也是一个非常实用的资源网站。具体说来，文案狗提供的资源主要包括三类，即导航犬、谐音找句和个性网名。下面分别对其进行介绍。

1）导航犬

在"导航犬"页面，网站主要提供了 3 种类型资源查找途径，即营销与创意、素材设计类和微信账号。页面上显示的信息都是平台推荐的可以利用的网站和自媒体账号等。自媒体文案作者可以点击相应网站和账号，跳转至相应网页，从中查找素材和资源，获得灵感和技巧，从而帮助大家写出更具创意和价值的文案。

2）谐音找句

自媒体文案作者可以利用谐音找句收集各种具有创意的谐音文案和广告语，相信有需要的用户可以从中获取灵感，找到一个让自己满意、让读者青睐的宣传金句。

在"谐音找句"页面，包括 3 个方面的内容，即谐音工具、谐音案例和拼音导航。其中，"谐音工具"区域显示谐音工具有三类，即常用成语、诗词名句和俗语大全，自媒体文案作者可以从中选择一种或多种进行查看，然后找出合适的谐音词语或句子作为文案内容。右侧显示的查询结果，用户只要把光标放在某一项上，就会显示原来的词语，方便大家了解谐音词语或句子的来源。在谐音工具下方，显示的是"谐音案例"，它根据各个场景，呈现不同的文案示例。

在"谐音找句"页面，除了"谐音工具"和"谐音案例"外，还有拼音导航，它依照英文字母顺序(共 21 个，无 i、u、v)，展现各种汉字的拼音(没有标明声调)。自媒体文案作者可以根据自身平台和内容的需要，点击不同的拼音进行查找。

3) 个性网名

在"文案狗"网站上，单击"个性网名"按钮，进入"个性网名/游戏 ID 生成工具"页面，自媒体文案作者可以通过"精确模式"和"谐音模式"来生成个性网名。

4．广告门：提供行业指导

说到广告门，其实它也是文案狗的"导航犬"中推荐的一个网站。作为我国广告行业领先的在线媒体及产业互动资讯服务平台，广告门的"行业观察""案例库"和"指数"等板块，能为自媒体文案作者提供行业指导、广告案例、广告门指数等信息。

5．TOPYS：获得创意灵感

与广告门一样，TOPYS 也是文案狗的"导航犬"中推荐的一个网站。该网站上有着各种各样的创意资讯与文案，这些都是自媒体文案作者获取素材的源泉。在此笔者主要从"发现"和五大类别出发来分享 TOPYS 的一些资源，希望能帮助读者更快地找到自己需要的素材。

1) 发现

在 TOPYS 网站上，把光标指向页面上方的"发现"选项，就会弹出一个下拉列表。该下拉列表中不仅包括"名人访谈""独家合辑""专栏""百赞必看"四大类型，下方还显示了 19 个深受用户喜爱的热门标签。用户只要单击某一标签，就会进入相应页面。

2) 五大类别

此处的五大类别指的是 TOPYS 网站上显示在页面上方的"创意""设计""商业""艺术"和"科技"。自媒体文案作者可以单击相应类别查看不同的创意文案和资讯，了解不同的技巧。

第 5 章

自媒体的引流：加速吸粉，成为百万大号

自媒体人在运营的过程中，与用户的沟通、交流是非常重要的环节。运营自媒体就是为了拥有更多的用户，从而提升自己的信赖度。本章围绕自媒体引流，具体介绍 14 种引流方法，让自媒体人明白如何引爆流量，一步一步成为百万大号。

- ▶ 利用文案推广引流
- ▶ 策划活动吸粉引流
- ▶ 大号互推进行引流
- ▶ 朋友圈分享引流
- ▶ 举办征稿大赛引流
- ▶ 发起网络大赛引流
- ▶ 开设线上微课引流
- ▶ 利用二维码引流
- ▶ 利用超级话题引流
- ▶ 搜索关键词引流
- ▶ 利用平台引流
- ▶ 利用社群引流
- ▶ 互动游戏引流
- ▶ 资源诱导引流

040 利用文案推广引流

自媒体的文案推广法是自媒体引流技巧中比较常见的一种方法,是指在自媒体平台上发布文案来推广和吸引用户。这种方法利用的是用户的好奇心和利益心。文案推广法的具体步骤如下。

(1) 选择某个流量大的网站,如贴吧、论坛与淘宝等。

(2) 发表一篇文案或者在别人的评论和留言处写上自己的文案,把自己的自媒体账号嵌入文案中。例如,内容可以这么写:"教微商怎样快速增粉,三小时 500 好友,100%免费大放送,请加微信号××××获取方法。"

(3) 别人添加你的自媒体账号后,若问起快速增粉的方法,可以告诉对方,"把这篇文案复制粘贴到其他网站,就能像我一样快速增粉"。

文案推广的好处在于:增粉的方法就是文案本身,文案可以自己编辑,也可以从同行处借鉴而来,且文案发送渠道是免费和无限制的,不需要耗费大量的物力、财力。但需要注意的是,文案的添加对象要面向自有账号的目标用户。

文案推广唯一的缺点就是具有时效性。一般来说,文案推广使用的招数基本相同,而相同的东西多了,就会使读者失去新鲜感和好奇心,渐渐失去吸引力。甚至有时这样的推广方法多了,大家反而嫌烦。由此可见,文案的撰写是非常重要的,建议尽量使用原创文案,如果自己文笔不好,可以让身边文笔好的朋友写。

> **专家提醒**
>
>
>
> 文案,要想被读者认同和喜欢,实现高阅读量和高分享率,达到引流的目标,保证其质量是重中之重。要想写出一篇优质的推广引流文案,应该满足以下条件。
>
> (1) 与平台相关。
>
> 自媒体运营者在建一个新媒体账号时,一般是有其确切的用户定位的,其平台运营和内容推广也是针对这些用户进行的。因此,在利用文案进行引流时,首先应该选择与运营平台相关的内容,让用户了解平台,进而给予更多的关注。
>
> (2) 专业且有价值。
>
> 这主要是针对一些专业化的自媒体平台而言。由于其业务和运营范围的专业化,因此,在利用文案进行引流的时候,也应该选择能够凸显平台专业技能的内容,这是提升平台公信度和真实性的关键所在。
>
> 特别是一些涉及软件的教程、运动以及业余技能等偏向技术性的平台,更是要在推送内容方面表现出极高的专业性,且这些内容为用户所认同,才能对平台的阅读量和分享率的提升产生积极的影响,从而达到引流的目的。

041 策划活动吸粉引流

通过自媒体平台，运营者可以多策划一些有趣的活动，以此来调动用户参与活动的积极性，从而拉近自媒体平台与用户的距离，并以此留住用户。

除了发布活动外，运营者还可以通过其他活动策划来拉近与用户之间的距离。例如，通过小测试拉近与用户的距离、通过设置各类专栏与用户展开积极的互动等，只有用户参与其中了，才会对自媒体平台有归属感和依赖感。

例如，某微信公众平台开展的"少女心指数"小测试，吸引用户作答，有许多用户还在留言中互相讨论测试的结果。

那么，如何策划活动达到吸粉引流的目的呢？接下来笔者将从两个方面具体分析。

1．活动策划

无论是大品牌企业还是小品牌企业，为用户定期策划一些有新意的活动，是一种很好的增强用户黏性的方法。而在有新意的活动策划中，最重要的一个环节就是对目标用户群体和活动目标进行分析，具体内容如下。

(1) 企业的目标人群是哪些？
(2) 他们最需要什么？
(3) 什么东西最吸引他们？
(4) 本次策划活动的最终目的是什么？是为了增加用户黏性还是增加销量？

只有对自己的目标用户和营销目的有专业的、精准的定位分析，才能策划出吸引人的活动方案。而只有企业策划出吸引人的活动方案，才能留住用户，提高用户的黏性。

相对于传统的营销活动来说，自媒体平台活动的策划并不拘泥于某种固定的形式，运营者可以采用某种单一的形式，也可以同时兼具多种方式进行活动的策划。

自媒体平台策划活动如果做得好，还可以打通线上线下，这样不仅加大了宣传的力度，同时也获得了更多的用户关注，吸引更多用户的参与。

笔者接下来将为大家介绍线上和线下活动的策划。

1) 线上活动策划

线上活动有很多种类，如抽奖、转盘及转发有礼等，自媒体运营者可以根据本身的需求选择合适的方式进行活动的策划和运营。

首先，作为活动策划的运营人员，需要了解自己的职责。运营者的主要职责如图 5-1 所示。

自媒体运营者还要撰写相应的活动方案，一个完整的活动方案包括以下内容：①活动主题；②活动对象；③活动时间；④活动规则；⑤活动礼品设置；⑥活动预计效果；⑦活动预算。

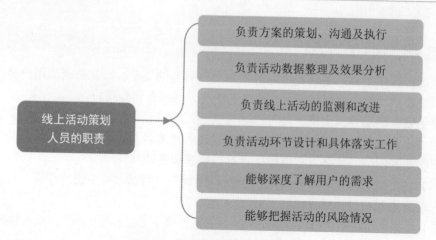

图 5-1 线上活动策划人员的职责

活动结束后,运营者需要针对活动撰写一份活动报告,分析活动的总体效果,有哪些突出的亮点,还有哪些方面需要改进等。

2) 线下活动策划

线下活动策划和执行时,活动运营人员的工作一般有以下几点,如图 5-2 所示。

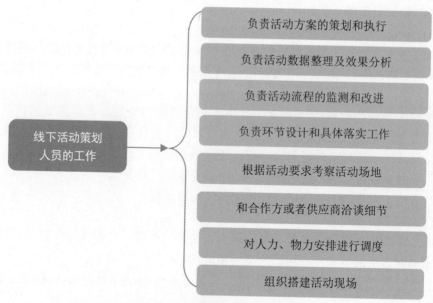

图 5-2 线下活动策划人员的工作

线下活动相比线上活动来说,有时更为复杂,从活动策划、场地安排、人员管理到活动预算、现场演讲安排和互动游戏等多方面都有涉及。线下活动也要准备活动方案和活动总结报告。活动方案包括如下内容:①活动主题;②活动时间;③活动报名；④活动演讲；⑤活动场地安排和布置；⑥活动预计效果；⑦活动预算。

上面笔者已经把活动策划和运营内容规模化地讲述了一遍，但是可能大部分运营者依然会存在一些疑问，举例如下。

(1) 如何进行具体策划？
(2) 策划流程怎么安排？
(3) 怎样做效果最好？
(4) 做了之后的效果如何衡量？
(5) 带来的用户有多少是确切性和真实性的真用户？
(6) 投资进去的成本能否获得相应的回报？

所有这些问题都需要运营者进行专业的分析和考量。对于策划活动的形式，如果是品牌，可以由品牌代言人与用户进行互动聊天；如果是电商，可以做免费抽奖活动。当然，关注即送小礼品、转发有奖等活动也会很受用户的青睐。

2．活动类型

关于自媒体平台的互动活动类型，常见的主要有以下几类。

1) 赠送免费的电子图书

对企业而言，假如在某一方面或领域有着非常丰富的实践经验，可以考虑把这些具有价值的干货内容制作成非常精美的电子内容(假如有相关出版物的效果将更好)，通过用户留下的邮箱 24 小时内送达给用户，以此吸引用户关注。

2) 转发朋友圈有奖活动

相对于上面介绍的赠送免费电子图书的互动活动，转发朋友圈有奖的活动其在吸引用户方面的目的性更强，它是一种由一而二、由二而四……的裂变式传播形式，主要是在朋友、熟人圈子中转发，其在信任度和效率方面更加显著。

除了上述活动可以提升自媒体平台的互动外，平台还可以通过其他方法来实现互动，主要包括六类，如图 5-3 所示。

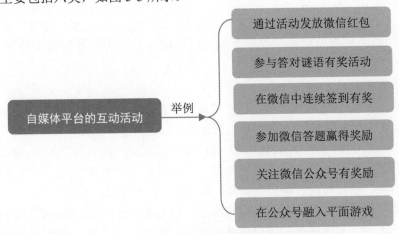

图 5-3　自媒体平台的互动活动举例

042 大号互推进行引流

大号互推是自媒体比较常见的引流方法，其实质是企业和商家建立账号营销矩阵(指的是两个或者两个以上的自媒体账号运营者，双方或者多方之间达成协议，进行粉丝互推，提升双方的曝光率和知名度，最终有效吸引用户关注)，可以达到共赢的目的。

1. 寻找合作大号

大号互推的结果要求是双赢，因此，在选择合作的大号方面要慎重，要双方得利，这样才能合作愉快并维持稳定的互推关系。那么，从自身方面来看，应该怎样选择适合自己的大号呢？

1) 大号是否名副其实

如今，不同的平台，不仅用户数量有差异，用户质量同样是参差不齐，这就使得有些"大号"不能称之为真正意义上的大号，这就要求运营者对自媒体账号有一个判别的能力。

具体说来，可从新榜、清博等网站上的统计数据来查看其平台内容的阅读数、点赞数、评论数和转发率等参数。当然，有些平台账号的这些参数明显是有水分的，比如一个平台账号每天推送内容的阅读数、点赞数都相差无几，这时就要加以注意了，其参数的真实性值得怀疑。

2) 用户群、地域是否契合

一个自媒体账号的用户群和地域分布，一般是有其规律和特点的，运营者就应该从这一点出发来选择合适的大号。

首先，在用户群方面，应该选择那些有着相同用户属性的大号，这样的大号其用户群才有可能被吸引过来。

其次，从地域分布来看，假如运营者想在某个区域做进一步的强化运营，那么就可以选择那些在该区域有着明显品牌优势的大号；如果运营者想要做更大范围的运营，就应该选择那些业务分布广泛的大号。

3) 选择合适广告位

无论是线上还是线下营销和推广，广告位都非常重要。特别要注意的是，不是最好的就是最合适的。选择合适的大号互推也是如此。

一般来说，植根于某一平台的自媒体大号，它所拥有的广告位并不是唯一的，而是多样化的，且越是大号，其广告位也就越多，而效果和收费各有不同。此时就需要运营者从自身需求、预算和内容等角度出发，量力而行进行选择。

例如，在微信公众平台上，其广告位有头条和非头条之分，这是按照广告的条数来收费的，当然，头条和非头条的价位也是明显不同的，头条收费自然是最贵的。除了这些呈现在内容推送页面的广告位外，还有些是位于推送内容中间或末尾的，如 Banner 广告(末尾)和视频贴片广告(中间)等，这些广告既可以按条收费，也可根据广告效果来收费。

2．获取更多关注

在找到互推资源并确定一定范围内的合适的互推大号后，接下来要做的是怎样最大限度地提升互推的效果，也就是应该选择何种形式的互推以获取更多的用户关注。

1）筛选参与大号

最终确定互推的参与人就是提升互推效果的关键一环。此时可从两个方面去考察，即互推大号的调性和各项参数，具体分析如图 5-4 所示。

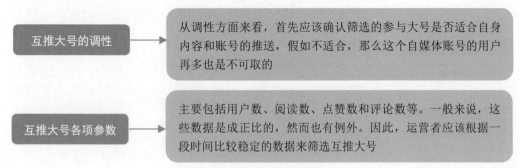

图 5-4　筛选互推大号介绍

根据图 5-4 中的两个方面进行综合比较和分析后，就是最终确定筛选结果和选定互推的参与大号了。此时笔者要提醒大家的是，不要忘记各个关于自媒体平台的排行榜，灵活参考效果将更佳。

2）建立公平规则

自媒体进行互推时，建立公平的规则是很有必要的，只有这样才能长久地把互推工作进行下去；否则极有可能半途夭折。而要设定公平的互推规则，有以下两种方法。

(1) "一头独大"的固定式互推排名。其中的"固定"意在组织者或发起人的排名是固定的，而不是指所有的互推排名都是固定不变的，其他大号的排名是以客观存在的自媒体排行上的某项参数或综合参数为准来安排的。这是一种对组织者或发起人有利的方式，但是并不能说这种方式是不公平的，因为相对于其他大号来说，组织者或发起人的工作明显更繁重，所有相关的互推工作一般都需要他去统筹和安排。

(2) "百花齐放"的轮推式互推排名。为了吸引那些质量比较高、互推效果好的大号参与，组织者或发起人也有可能选择轮推的方式进行互推排名。这里的"轮推"是把组织者或发起人安排在内的，他们也按照轮推的方式进行互推排名，而不是像"一头独大"的固定式互推排名一样总是排在互推的第一位。

3) 创意植入广告

事实证明，自媒体账号如果强推互推，不仅达不到预期的效果，反而会引起用户不满。企业和商家要想在文案中植入互推广告，必须把握两个字，即"巧"和"妙"。那么具体如何做到这两点呢？有以下几个策略可供参考，如图5-5所示。

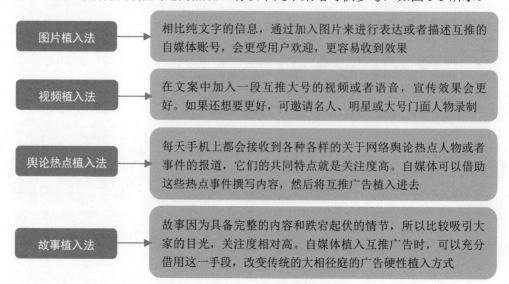

图5-5　创新互推文案的策略介绍

043　朋友圈分享引流

朋友圈分享指的是运营者在自己的个人微信号、企业微信号的朋友圈里发布文案广告或者硬广，让自己朋友圈的用户关注你的自媒体平台的一种吸粉引流方法。

朋友圈的力量有多大，相信不用笔者说，大家都知道。运营者可以利用朋友圈的强大社交性为自己的自媒体平台吸粉引流，朋友圈的强大主要表现在以下两个方面。

(1) 运营者本身朋友圈的影响力。

(2) 朋友圈用户的分享和高效传播能力。

运营者在进行好友互推时，可以把自己自媒体平台上发布的文案，再在自己的朋友圈发布一次。朋友圈中的好友看见了，如果感兴趣就会点开阅读。运营者可以坚持每天发送，只要文案质量高，自然而然就能够吸引他人关注自己的自媒体平台。

这种方法，在向用户分享自己的动态的同时也宣传了自媒体平台，是很不错的推广方法，而且也不容易引起朋友圈中好友的反感。

以微信公众号"手机摄影构图大全"为例，它的运营者就会在自己的朋友圈推送自己公众平台上的文章，以此进行公众号推广。图5-6所示为"手机摄影构图大全"平台运营者，在自己的朋友圈推广自己公众号平台的相关信息。

图 5-6　朋友圈推广公众号

　　值得注意的是，自媒体在利用朋友圈引流时，一定注意要推送有价值的内容，只有给用户提供有价值的内容才会引起用户的注意和关注，用户才会对内容进行转载和评论，并对其感兴趣的自媒体平台进行关注，达到引流的目的。

　　在朋友圈转发一些有价值的文案是很多人的习惯。另外，求签与测试类的分享链接也是一种很容易在朋友圈传播开来的引流方法，其主要是利用人际关系和用户的好奇心来扩散传播的，如果内容十分吸引人，很容易达到病毒性传播的效果。

　　求签类的推广法和测试类的推广法的要点是：用一些比较符合当下年轻用户口味的字眼，就能够激发年轻用户点击关注的愿望。

044　举办征稿大赛引流

　　自媒体可以通过开展各种大赛活动，进行吸粉引流。这种活动通常在奖品或者其他条件的诱惑下，参加的人会比较多，而且通过这种大赛获得的用户质量都会比较高，因为他们会更加主动地去关注自媒体的动态。

　　运营者可以选择的大赛活动类型非常多，但原则是尽量跟自己的自媒体平台运营所处的行业领域有关联，这样获得的用户才是高价值的。

　　运营者可以根据自己的自媒体平台类型，在平台上开展征稿大赛。这种做法可以是为自己的平台要推送的文案进行征稿，也可以是为自己平台的出版物进行的征稿活动。采用征稿大赛吸粉引流，可以借助设置一定的奖品来提高用户的参与度。

　　以某微信公众平台为例，该平台根据其自身的优势，开展了一个"极限，无限可能"原创征稿大赛，如图5-7所示。

　　运营者举行一次征稿活动大赛，如果活动过程中涉及网络投票，那么运营者在这个环节一定要注意刷票情况的出现。

　　在任何一场比赛中，主办方规避刷票情况的出现都是很有必要的。这样不仅能给每位参赛者公平竞争的机会，确保选出的获胜者拥有真正的实力，还能够有效防止运营者以及参赛者的账号被系统封号。

图 5-7　某公众平台开展征稿大赛活动的案例

运营者在策划征稿活动大赛时，在投票环节还需要注意的是，要做好用户的投票体验，即用户在给参赛者投票时，投票的方式要尽可能方便些，不要过于烦琐。

提升用户投票体验和效率可以通过在投票平台上设置一些小功能实现。例如，运营者可以在投票页面设置一个搜索栏，这样用户进入投票页面后，就可以直接在搜索栏中搜索参赛者的名字或者参赛号码，然后就可以为参赛者投票了。

这种方法可以防止参赛者排名靠后，用户需要一页一页地浏览去寻找参赛者而带来的麻烦。将用户的投票体验提升了，用户的投票效率自然而然就会有所提高。

045　发起网络大赛引流

开展网络大赛指的是，运营者在自己的自媒体平台上发起一个网络比赛活动。活动的类型可以是多样的，比赛主办方会根据活动情况设置一定的奖品，参赛者要在公众平台或者其他的网络上报名，由用户投票，选出最终的获胜者。整个比赛活动的过程可以采用晋级制，也可以是一轮定胜负的。

图 5-8 所示为某微信公众号发布的"手机摄影大赛"活动的部分相关信息。

图 5-9 所示为某微信公众号举办的一场"和兑之吉·芭而蒂"的全国中小学语文教师诵读大赛活动的部分相关信息。

图 5-8　某微信公众号开展网络大赛吸粉引流的案例(1)

图 5-9　某微信公众号开展网络大赛吸粉引流的案例(2)

046　开设线上微课引流

线上微课是指按照新课程标准及其教学实践的要求,以多媒体资源(电脑与手机等)为主要载体,记录教师在课堂内外教育教学过程中围绕某个知识点而开展的网络课程。通过开设线上微课也能进行自媒体引流。

线上微课的主要特点如下。

(1) 教学实践较短。
(2) 教学内容较少。
(3) 资源容量小。
(4) 资源组成情景化。
(5) 主题突出、内容具体。
(6) 草根研究、趣味创作。
(7) 成果简化、多样传播。
(8) 反馈及时、针对性强。

线上微课因其具有的优势已经渐渐成为自媒体引流的主要方式之一。

例如,"手机摄影构图大全"微信公众号就推出了线上微课,具体内容如图 5-10 所示。

图 5-10 线上微课引流示例

又如,公众号中有些专业的直播平台,如千聊。运营者可以与这些平台合作,开设线上直播教学微课,从直播平台的用户当中引流。

047 利用二维码引流

二维码已经成为人们日常生活中不可或缺的因素,更是店主的实用名片。购物付款时需要用到,添加好友时需要用到,登录某个页面时需要用到,识别某个物品时需要用到……总之,它的用途非常多,扫描二维码已经是生活常态。

准确地说,二维码是链接的一种形式,它的诞生使得我们不需要再辛苦地记忆网站域名,只需拿出手机轻轻一扫,就能立即跳转进入我们想进的页面。对于一般大众来说，二维码最熟悉的使用方式是进行收付款行为。但是对于自媒体来说，更应该将它的重点放在跳转页面、添加关注引导引流方面。利用二维码进行引流是一种非常简单、便捷的方法。

1. 当名片，方便扫一扫

每个自媒体平台都有代表自己的二维码，运营人员可以将自己平台的二维码打印出来，贴到一些抢眼的地方，如果有实体店的或者有自己产品的运营者，可以将自媒体平台的二维码贴到自己产品上，以此来挖掘潜在客户。

另外，还可以采取在文案中加上要推广的自媒体的二维码，吸引阅读文案的用户，实现引流。

现在很多微信公众号都采用"扫描二维码添加关注"这一增加用户的方式将自己个人或者运营的自媒体平台的二维码散播出去。图 5-11 所示为笔者的个人微信号二维码与 QQ 号二维码名片的展示效果。

图 5-11 二维码的展示效果

2. 包裹外加二维码

自媒体运营者还可以将二维码附在包裹上方便用户扫描。因为大家在收到产品的第一时间，都会习惯性地检查包裹，查看完整与否。而现在大多数人看见二维码都会习惯性地扫描一下。所以，产品的包裹就成为非常合适放置二维码的地方。

运营者应该抓住这一点，制作一些比较清楚的二维码图片，张贴在包裹上，由此来增加用户好友数量，实现引流。图 5-12 所示为包裹上的二维码。

图 5-12　包裹上的二维码

如果有些用户在自媒体平台上购买了产品，运营者为了将普通用户发展成长期用户，就希望这些用户能够关注自己的自媒体平台。这样不仅方便售后的沟通，更能够打通进一步营销的环节。

如果运营者因为一些原因必须更换自媒体账号，或者是人已经满了，必须得移到另一个账号中，利用二维码引流是十分简便的。甚至运营者又发展出另一个领域的自媒体平台，为了将原来的老用户发展成这个新领域的用户。无论原因是什么，方便用户查找与添加都是自媒体第一个需要考虑的因素，在包裹上附上二维码的方式是十分实用的。

3．用二维码发票

用户在购买产品时，通常会向运营者索要发票，有些自媒体平台的发票上是携带二维码的，这些发票就是使用二维码发票打印机进行打印的。

随着打印机技术的发展，发票二维码打印机也成了时尚的选择。这种带有自媒体平台二维码的发票具有很强的引流功能，在使用过程中受到了自媒体人的喜爱。

048　利用超级话题引流

自媒体平台上常常会出现各种各样的话题，自媒体可以根据自己经营产品的定位，搜索到与之相关的话题，就能找到参与该话题的人群，从而找到自己的精准用户群并添加关注私信引流。

如果发现某些用户经常参与"#一起去看海#""#欢乐亲子时光#"这样的话题讨论，而自媒体恰好又是经营旅游用品的，那么自媒体就可以通过这样的方法去寻找用户，积极参与此类话题，然后会得到很多评论、点赞和转发，在适当的时候再让他们关注自己的平台，进行更深层次的交流。图 5-13 所示为微博话题展示。

图 5-13 微博话题展示

另外，自媒体可以在贴吧中发布相关内容的帖子，而且要具有吸引力，让话题里的活跃用户能满足需求。因为话题需要添加关注才能发帖，所以自媒体应该在发帖之前先对其进行关注。例如，自媒体可以在微博中搜索与微商相关的话题，选择其中的热门话题发帖，能很好地进行引流。

049　搜索关键词引流

身处互联网和移动互联网时代，在浩如烟海的信息中，如何让用户更好地找到你的内容进而关注你，就需要在关键词方面下功夫。如果没有在自媒体文案中嵌入与产品信息相关的字眼，那么是很难起到推广引流作用的。因此，自媒体运营者可以在自媒体文案和标题中加入关键词，利用关键词进行引流。

许多关键词都会随着时间的变化而具有不稳定的升降趋势，因此，学会关键词的预测相当重要。这样就能够随时对关键词进行调整，以争取获得更多阅读量，扩大自媒体文案的传播范围。那么，需要从哪些方面学习关键词的预测呢？笔者将从以下两个角度分析。

1. 季节性和节假日

关键词的季节性波动比较稳定，主要体现在季节和节日两个方面，如服装产品的季节关键词会包含四季名称，即春装、夏装等；节日关键词会包含节日名称，即春节服装、圣诞装等。

季节性的关键词预测还是比较容易的，除了可以从季节和节日名称上进行预测外，还可以从以下方面进行预测，如图 5-14 所示。

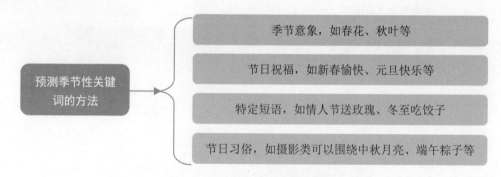

图 5-14 预测季节性关键词的方法

值得注意的是，在预测季节性和节假日关键词时，要时刻关注某个季节或节假日的到来，而且要提前预知。一般来说，季节性和节假日关键词预测是能够把握的，因为每个季节和节假日都是固定的，不会有很大的改动。当然，其中节日也不排除会有政策的改动导致节假日的变换，但总体来说还是很稳定的。

以"手机摄影构图大全"微信公众号为例，它推送的文章就是根据季节性的关键词进行整理的，如图 5-15 所示。

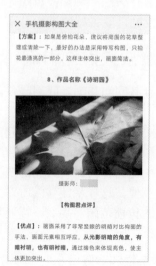

图 5-15 季节性关键词之"季节意象"展示

2. 社会热点

社会热点新闻是人们关注的重点，当社会新闻出现后，会涌现一大波新的关键词，其中搜索量高的关键词就叫热点关键词。

因此，不仅要关注社会新闻，还要会预测热点，抢占最有利的时间预测出热点关键词。如此才能得到流量，获得关注。具体方法如图 5-16 所示。

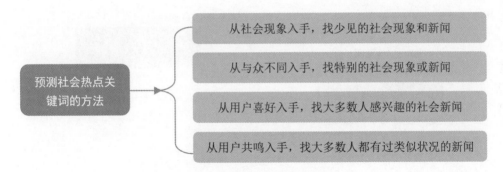

图 5-16 预测社会热点关键词的方法

知道如何预测关键词后，更重要的就是在自媒体文案和标题中加入这些关键词。一般来说，在自媒体平台上，通过用关键词进行搜索定位，大家往往会选择打开在搜索排行榜前列的内容。这时只有提高这些关键词的排名才能更好地达到引流的目的。那么如何计算关键词的搜索排名呢？

企业可以利用 SEO(Search Engine Optimization，搜索引擎优化)来获取关键词搜索排名。SEO 是专门利用搜索引擎搜索规则，提高目前网站在有关搜索引擎内自然排名的方式。具体方法如图 5-17 所示。

图 5-17 优化搜索引擎的方法

在此同样以"手机摄影构图大全"微信公众号为例，来看一看该账号的优化搜索引擎的案例，如图 5-18 所示。

在自媒体文案的标题中设置关键词也是一种非常好的引流方法，用户看到标题中感兴趣的关键词就会主动点进去。另外，标题中加入关键词也能让文案更容易被用户搜索到。下面介绍在推送文案内容的标题中设置关键词的主要方法，如图 5-19 所示。

图 5-20 所示为"手机摄影构图大全"微信公众号推送的两篇文案标题展示。

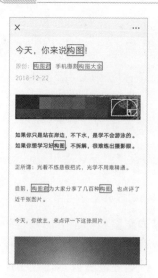

图 5-18　优化搜索引擎的案例展示

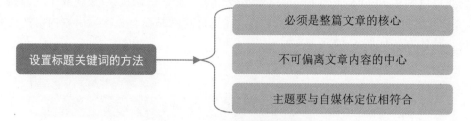

图 5-19　设置标题关键词的方法

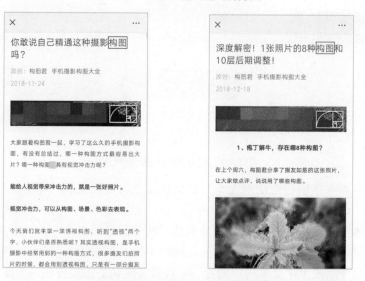

图 5-20　"手机摄影构图大全"微信公众号推送的两篇文案标题展示

050 利用平台引流

自媒体运营者如果想要通过推广获得更多的用户，除了上述方法外，还可以在一些主流的流量平台，通过推送文案的方法来为自媒体平台获得更多的用户。

自媒体运营者可以引流的主流平台有 10 个，分别是今日头条、一点资讯、知乎平台、搜狐公众平台、大鱼号、腾讯内容开放平台、百家号、网易媒体平台、简书平台和虎嗅网。图 5-21 对这些平台进行了简单的介绍。

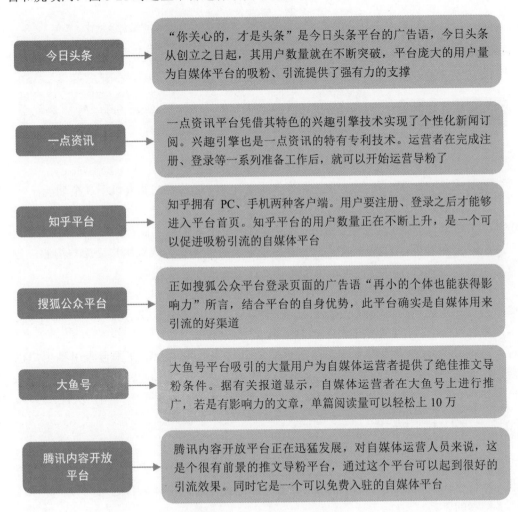

图 5-21　10 个主流平台的介绍

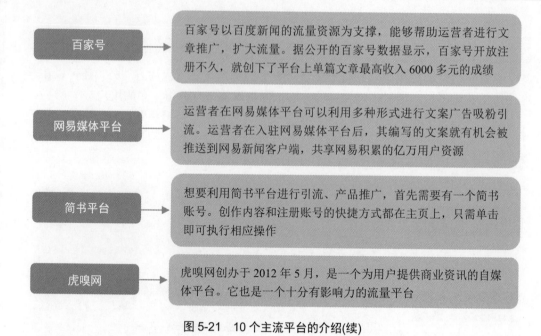

图 5-21　10 个主流平台的介绍(续)

以简书平台为例,想要吸引更多用户实现引流,运营者需掌握以下 3 个功能。

(1) 阅读功能。用户可以随时阅读简书上各种类型的文章,因此自媒体可以通过分析用户的阅读喜好,使自己推送的文案能够吸引更多的用户阅读。

(2) 交流功能。自媒体可以在平台的文案下通过评论方式跟用户交流与沟通,运营者可以通过保持与用户的良好沟通交流,让用户成为忠实粉丝。

(3) 分享功能。自媒体可以将平台上自己喜欢的内容分享到其他平台上,并附上联系方式。自媒体可以通过设置分享奖励的方式,让用户主动进行推广,从而吸引更多用户。

以上几个功能应用的引流方法,也适用于其他流量平台,在平台吸引到用户以后,运营者可以在自己优质的原创文案中加入自媒体平台的信息,或是在文案中插入自媒体平台的二维码,以此作为自媒体平台的引流入口,吸引更多的用户关注。

051　利用社群引流

社群的力量是十分庞大的,且具有引流成本低、管理手段灵活、转化效果好的特点。社群引流就是通过运营的方式将能被产品满足需求的群体集合起来,与产品保持更多持续的联系。

那么如何运营好社群实现引流呢?具体如图 5-22 所示。

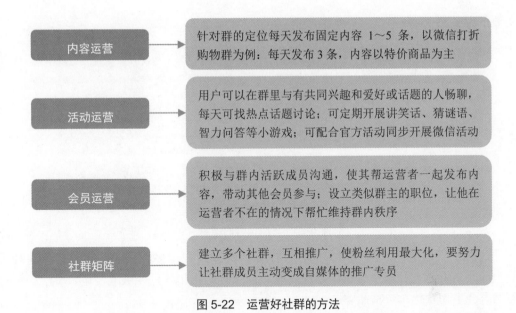

图 5-22 运营好社群的方法

有些运营者可能会犯这样的错误——与社群里的成员稍微熟悉之后就疯狂推广,其实这是不明智的。因为和你同处一个社群的成员都是有着个人的喜好和思想的,这样的做法只能给他们留下不好的印象。那么,运营者应该怎样利用社群引流呢?

1. 制订计划,培养铁杆用户

运营者可以通过制订详细的用户计划来大力培养自己的铁杆用户,树立相同的观念,最终成功打造成拥有铁杆用户的社群运营平台。运营者在"培养铁杆粉丝"的过程中,可以从以下 3 个方面出发,一步一步地推进铁杆用户的培养计划。

(1) 聆听用户的心声、与用户互动、耐心与用户对话。只有这样用户才能感受到被尊重的感觉,提升用户体验。

(2) 从用户需求出发,通过奖励来提升用户的活跃度。分析用户的需求、制订奖励计划,送上用户需要的礼品,这样能大大增加用户的体验,巩固用户的留存率。

(3) 与用户进行线下活动。运营者可以在社群运营过程中发布一些活动,为用户提供参与的机会、有趣好玩的经历以及优质的用户体验,使其获得更强烈的用户认同感,从而与用户维持亲密关系。

2. 打造口碑,让用户乐于推广

在社群运营中,想要让用户乐于推广,就需要使用一些小窍门,如赠送优惠的礼品、用户之间的口碑推荐等来打响自媒体品牌,为品牌树立良好形象。

而社群运营中口碑的打造是需要用户努力的,主要是在用户认可产品、品牌的基础上,心甘情愿地推荐给自己身边的人,从而形成口碑。一般来说,形成口碑的途径主要如图 5-23 所示。

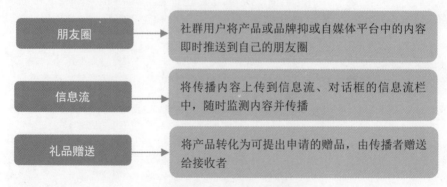

图 5-23　形成口碑的途径

赠送礼品是树立产品好口碑的较好途径，因为用户很多时候在乎的是实际的利益，如果运营者在社群中营造了赠送礼品、优惠券、折扣等良好氛围，那么用户自然而然就会主动宣传，传播品牌。

3. 塑造品牌，扩展自身人气

运营者在进行社群营销时，需要注意 5 个方面的问题：一是有自己的独特观点；二是把产品信息介绍详尽；三是要学会互动；四是要学会分享干货；五是要传递正能量，树立好口碑。

例如，致力于打造美食的自媒体可以通过自媒体平台发布一些关于美食制作的技巧，或者是配上带有文艺气息的文案，就能有效吸引用户的注意力，从而增加用户黏性，打响自媒体品牌。

052　互动游戏引流

好玩的游戏从来都不缺参与人员，在自媒体平台也可开展互动式游戏，从而获取流量。运营者可以在网上搜寻一些互动性强又有趣的游戏，稍微修改一下在自媒体平台进行。比如，猜谜、看图猜成语、脑筋急转弯与成语接龙之类，有趣味、不俗套的才能吸引其他人参与进去。

例如，某自媒体在朋友圈发起的"我画你猜"游戏——在动态中发布了 8 张成品图片和一张二维码图片，让答出题的用户添加好友领取奖品，也为想知道答案的用户提供一个咨询的渠道。

在自媒体平台开展互动式游戏，同样要引导用户进行转发，因为只有这样才能让发布的动态突破自己的自媒体社交圈子，获得更大的流量。

053　资源诱导引流

　　资源诱导引流是指自媒体根据自己的产品和行业去寻找一些别人搜寻不到却想要的有用资源，发布到网站上，进行引流和吸粉。运用这种方法最重要的就是要了解用户想要的是什么资源。具体操作方式有以下几个。

1. 关于软件的资源

　　可以这样做：在一个网站上发布一句"×××软件，不知道大家是否需要，有需要的可以加我微信××××！"还可以在文案下附上软件的截图，或者分享部分软件出来，说明："在这里先发一部分，我还有其他的×××软件，如果有需要的可以加我微信××××！"此方法适用于那些有不错的且可传播的软件资源的自媒体。

2. 关于视频的资源

　　可以这样做：关注最近热点的实时视频或者电视剧视频，下载你认为好的视频资源，放到此视频的讨论热点处并留言："《××电视剧》第×集真是太好看了，找不到视频资源的可以加我微信××××，加上立马免费传。"

3. 关于小说的资源

　　可以这样做：查看百度贴吧、百度问答、百度知道，记录高热度搜索的小说，下载好小说资源后去需要资源的人的问题下进行回复："我有你想要的《××》TXT 格式，加我微信×××后马上免费传给你。"

第 6 章

自媒体的变现：12 种方法，走向财富之路

学前提示　　自媒体变现，其实质在于通过售卖相关的自媒体产品或服务，让其产生商业价值，变成"真金白银"。现在，自媒体变现这种商业模式也变得越来越普及，自媒体变现的方式变得越来越多样化。本章将具体介绍自媒体变现的 12 种方法，助你走向财富之路。

要点展示

- ▶ 平台订阅变现
- ▶ 在线教学变现
- ▶ 点赞打赏变现
- ▶ 签约作者变现
- ▶ 问答咨询变现
- ▶ 利用广告变现
- ▶ 冠名赞助变现
- ▶ 付费会员变现
- ▶ 内容稿费变现
- ▶ 平台补贴变现
- ▶ 品牌融资变现
- ▶ 代理运营变现

054 平台订阅变现

平台订阅是自媒体获取盈利的主要方式。它是指用户需要支付一定的费用在自媒体平台上推送文案、视频、音频等知识产品或服务。用户通过订阅 VIP 服务,为好的内容付费,既可以让自媒体从中获得自信和回报,还可以激励他们持续地进行优质内容创作。

很多自媒体平台、社交平台以及直播平台都在专注于原创内容的生产和变现模式。平台订阅和后文要讲的付费会员有一个共同之处,就是能够找出平台的忠实用户。但是,自媒体如果要通过平台订阅来变现,就必须确保推送的内容有价值,否则就会失去用户的信任。

订阅付费这一模式常用于各种自媒体、视频网站和音频平台。例如,被人熟知的喜马拉雅 FM 中就专门开设了一个付费栏目,各大名家的节目被其收录,用户要先付费才能收听。此外,现在很多优质音乐也需要通过付费的方式才能收听。

平台订阅一般包括两种形式。

第一种形式:首先展示部分内容,在用户阅读完这部分内容后,如果还想继续阅读剩余的内容,就需要支付一定的订阅栏目的费用,如小程序"少数派 Pro"上的内容就属于这一类。

在此看一个案例,如图 6-1 所示,可以发现,该小程序上的内容在设置付费订阅时,整体内容的每一节都会展示一部分,而不是针对整体而言展示前面的部分章节。这样的付费订阅规则,可以让用户通过每一节的部分内容,对全部内容有一个更清晰的了解,从而引导用户订阅内容。

图 6-1 "少数派 Pro"小程序上的付费订阅产品案例

第二种形式:自媒体可以设置限时免费,当用户阅读一节或多节完整内容后,再要求用户付费订阅内容，也就是大家常见的"免费试读"，这同样可以引导用户开启阅读模式，为后续付费奠定基础。

"少数派 Pro"小程序上的内容就安排了这样的设置，如图 6-2 所示。从图中可以看出，它的第一期内容是免费的，虽然有支付环节，但需要支付的金额为 0。

图 6-2　"少数派 Pro"小程序上的限时免费内容

又如，著名的投资人、区块链专家和《通往财富自由之路》专栏作家李笑来，同样是通过"得到"App 的付费专栏实现盈利的佼佼者。截至 2019 年 7 月，《通往财富自由之路》课程的订阅价格为 199 元/年，获得了 20 多万订阅用户，获利金额更是高达 4500 多万元，相关的购买说明如图 6-3 所示。

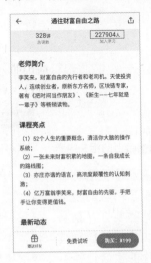

图 6-3　《通往财富自由之路》课程相关页面

"得到"App 的课程内容基本上都是一些知名大腕的商业观点或科学理论,而相关的内容无一例外都是要付费的——从 19.9 元到 229 元不等,学习人数也从 5000 到 36 万不等,专栏作家从中可获得的利润可想而知。

055 在线教学变现

自媒体的变现形式还包括教学课程的收费,一是因为线上授课已经有了成功的经验,二是因为教学课程的内容更加专业,具有精准的指向性和较强的知识属性。很多平台已经形成了较为成熟的付费模式,如网易云课堂和腾讯课堂等。

在线教学是一种非常有特色的知识变现方式,也是一种效果比较可观的吸金方式。如果你要开展在线教学,首先得在某一领域比较有实力和影响力,这样才能确保教给付费者的知识是有价值的。

例如,"四六级考虫"微信公众号就是采用在线教学方式来实现自媒体变现的。"四六级考虫"是一个为广大大学生及想学习英语的群体提供教学培训的公众号,它有自己的官方网站和手机 App。"四六级考虫"微信公众号上的课程分为收费和免费两种,不同的课程价格也不一样。图 6-4 所示为该公众平台上的相关内容。

 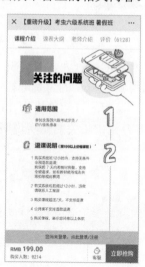

图 6-4 "四六级考虫"微信公众平台上的相关内容

一般来说,线上课程的时间比较短,这对于观众接受信息而言是一大优势,但从内容的表达角度来看却是一大劣势,因为时间限制了内容的展示,让付费难以成功实施。如果自媒体想要通过线上课程的方式变现,就需要打开脑洞、寻求合作。例如,哔哩哔哩平台上的 UP 主"薛定饿了么"投放的内容风格就别具一格,主页个性签名为:"看完我们三分钟漏洞百出的脑洞小视频,你的生活也并不会变得更好。"其以差异化内容为起点，主要内容为一系列硬核科普知识，表达方式符合年轻一代的认知思维，拥有超高的粉丝活跃度，如图6-5所示。

图6-5 "薛定饿了么"B站主页

> **专家提醒**
>
> UP是upload(上传)的简称，UP主即指在视频网站、论坛或者FTP站点上传视频、音频文件的人。

056 点赞打赏变现

为了鼓励优质的自媒体内容创作，很多内容平台推出了"赞赏"功能。比如，大家熟悉的微信公众号就有这一功能。开通"赞赏"功能的微信公众号必须满足如图6-6所示的条件。

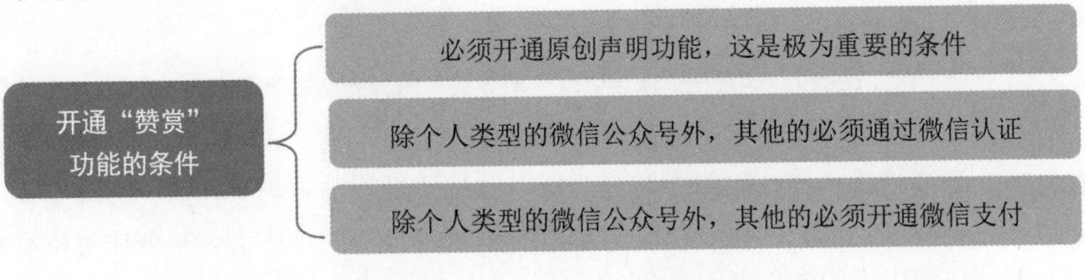

开通"赞赏"功能的条件：
- 必须开通原创声明功能，这是极为重要的条件
- 除个人类型的微信公众号外，其他的必须通过微信认证
- 除个人类型的微信公众号外，其他的必须开通微信支付

图6-6 开通"赞赏"功能的条件

如果创作者想要开通公众号的"赞赏"功能，还需要经历两个阶段。

（1）第一个阶段。坚持一段时间的原创后，等到微信公众平台发出原创声明功能的邀请，即可在后台申请开通原创声明功能。

（2）第二个阶段。开通原创声明功能后，继续坚持一段时间的原创，等待微信后台发布"赞赏"功能的邀请，此时即可申请开通"赞赏"功能。

例如，"连岳"微信公众号，自称"把最好的理念传递给最多的人"，它主要生产文化、情感类内容。而要说到变现，主要通过链接小程序销售商品和写文案获得赞赏变现。在此，笔者重点介绍写文案获得赞赏这一变现方式。关注了"连岳"微信公众号并阅读过文案的人会发现，其头条内容的阅读量很多都实现了 10 万+，这就为内容变现奠定了流量基础。

在有着众多用户阅读文案的基础上，"连岳"微信公众号以其个性化的观点、深入的解读等特点打造出优质的内容，让用户纷纷议论并产生认同感。基于此，很多用户出于对优质内容的欣赏和认同的仪式感的表现，在阅读完文案后会自然而然地给予赞赏——多则几千人，少则也有几百人，如图 6-7 所示。就这样，一篇头条文案就可获得成千上万的收入，从而写文案年收入数百万也就不再是空谈了。

图 6-7 "连岳"微信公众号部分头条内容的点赞展示

又如，第一视频是一家微视频新闻门户网站，同时也是一个融视频、新闻以及移动终端为一体的综合性媒体平台。此外，第一视频还具有强大的云计算、云存储、云搜索以及云关联的功能，不仅提供富有价值的新闻资讯，同时还提供平台让每位有想法的网友都成为内容的创作者。

第一视频的视频播放界面比较简洁，而且也没有广告，大多都是短短的几分钟视频。那么，第一视频的主要收益来自哪里呢？——打赏收入。但是需要注意的是，如果想要在第一视频平台获得打赏收益，就必须成功晋级为此平台的自媒体认证会员；否则是无法获取收益的。

专家提醒

内容创作者要想获得赞赏收入,除了要创作优质的内容外,还需要具备一定的条件和进行相关设置。例如,在微信公众平台上,运营者可以通过后台"赞赏说明"页面的内容了解相关信息,如图6-8所示。

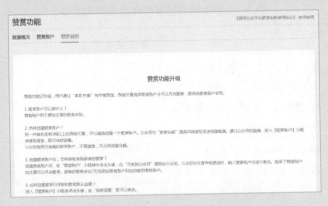

图6-8 微信公众平台后台的"赞赏说明"页面

057 签约作者变现

很多自媒体聚集的平台会签约一些优质作者,这些作者每个月都是有固定收益的,这也是自媒体的一种主要变现形式。

1. 头条签约作者

以今日头条为例,成为头条签约作者,主要有两种方法,具体如下。

1) 系统邀请

当头条号创作者为平台贡献了足够多的有价值的优质原创内容,并成为某一方面的专家,或是有着很高的知名度时,才有可能受到今日头条系统邀请成为签约作者,这是一种平台主动邀请的方式。

2) 主动申请

与系统邀请相反,自动申请是一种自己主动申请、平台被动审核的方式。主动申请的做法是:登录头条号,然后关注今日头条官方账号,并在后台选择发送私信,把自身的资料和能证明你已经成为达人的内容链接传送给系统审核。

当审核通过后,你就可以成为头条签约作者了。此时只要完成头条每个月的任务,就可以获得签约作者应得的收益。

2. 悟空问答签约作者

下面以今日头条的悟空问答为例，具体介绍头条号作者成为头条悟空问答签约作者的条件。在悟空问答平台上，签约作者也是有一级和二级之分的，具体条件如表6-1所示。

表6-1 悟空问答的签约作者条件和收益

类　　别	条件和收益
一级	每月回答问题个数：20个 单篇回答的字数：500字以上 内容要求：有理有据，有图片 收益：每月共计10000元
二级	每月回答问题个数：24个 单篇回答的字数：500字以上 内容要求：有理有据，积极健康 收益：200元/个，总计4800元以上

注：这里所指的"问题"是悟空问答邀请回答的问题，而不是签约作者自主选择的问题。

058　问答咨询变现

知识付费在近几年越发火热，因为它符合移动化生产和消费的大趋势，尤其是在自媒体领域，知识付费呈现出一片欣欣向荣的景象。问答咨询变现正是利用这一大环境得到迅速发展，成为自媒体变现的一种重要方式。

细分专业的咨询是自媒体变现比较垂直的领域，针对性较强，很多平台都推出了付费问答服务，通过一问一答获得利益，用户和运营者达成双赢。例如，在"悟空问答"页面，用户不仅可以提问，还可以回答其他人的提问。运营者如果在回答提问的过程中，问题选择得好且回答内容是优质的，那么极有可能打造成爆款回答，获得更多收益。

另外，在利用问答咨询变现时，运营者应该要很好地应用"扬长避短"这一思维方式，也就是说，运营者应该尽量选择那些自己擅长领域的问题，把自己的优势展示出来，并对这一领域持续关注，力求提升自己在该领域的知名度，打造出更多爆款内容。

例如，在"问视"App中就可看到更多类型的回答，且将"回答"页面分为"单问"和"多答"两个板块，如图6-9所示。"问视"的盈利主要通过回答问题来完成。图6-10所示的"个人中心"页面就有"累计收入"的图标。

图 6-9 问视的"回答"页面

图 6-10 问视的"个人中心"页面

059 利用广告变现

利用广告变现的方法有很多种，下面为大家介绍两种。

1. 流量广告变现

流量广告变现主要是通过把内容推送给有需求的用户，通过在内容中投放的广告来触发潜在用户内心的消费需求。

例如，抖音推出的"星图平台"就是一个流量广告变现平台，对于广告主和抖音达人之间的广告对接有很好的促进作用，进一步收紧内容营销的变现入口。"星图平台"的主要意义如下。

（1）打造更多变现机会。"星图平台"通过高效对接品牌和头部达人/MCN 机构，让达人们在施展才华的同时还能拿到不菲的酬劳。

（2）控制商业广告入口。"星图平台"能够有效杜绝达人和 MCN 机构私自接广告的行为，让抖音获得更多的广告分成收入。

"星图平台"的合作形式包括开屏广告、原生信息流广告、单页信息流广告、智能技术定制广告以及挑战赛广告等。例如，"宝马中国"抖音号通过"开屏广告+原生信息流广告+明星加持"相结合的形式霸屏抖音，宣传新产品，吸引众多用户关注和点击，如图 6-11 所示。据悉，"宝马中国"的短视频总曝光达成率为 191.4%，总曝光量为 9570 万，总点赞量为 38.9 万。

图 6-11 "宝马中国"的抖音新品广告

> **专家提醒**
>
> 开屏广告就是在 App 启动页面中植入的广告,所有打开 App 的人都能看到,曝光量非常高。

简单来说,"星图平台"就是抖音官方提供的一个可以为达人接广告的平台,同时品牌方也可以在上面找到要接单的达人。"星图平台"的主打功能就是提供广告任务撮合服务,并从中收取分成或附加费用。例如,洋葱视频旗下艺人"代古拉 K"接过 OPPO、vivo、美图手机等品牌广告,抖音广告的报价超过 40 万元。

2. 品牌广告变现

品牌广告的意思就是以品牌为中心,为品牌和企业量身定做的专属广告。这种广告变现形式从品牌自身出发,完全是为表达企业的品牌文化、理念而服务,致力于打造更为自然、生动的广告内容。这样的广告变现更为高效,因此其制作费用相对而言也比较昂贵。所以,对于自媒体来说,越早制定你的广告变现逻辑和产品线,就越有机会获得广大品牌广告主的青睐。

在视频移动化、资讯视频化以及视频社交化的趋势下,加速了移动短视频的全面井喷式爆发,同时也让流量从 PC 端大量流入移动端。短视频广告不仅投入成本比传统广告低,而且覆盖的人群也更加精准,同时植入产品的成长性更强,可以有效触达品牌受众。

因此,为品牌进行定制化的短视频广告,成为广告主采购时的标配。例如,法国娇韵诗品牌在抖音上发起"哇,水被我控住了!"挑战赛,并配合"创意贴纸+实力达人"演绎神奇锁水功能,如图 6-12 所示。

图 6-12 法国娇韵诗品牌的短视频广告

那么,娇韵诗的品牌广告取得成功的要素有哪些呢?笔者总结了以下两点。

(1) 智能技术定制。娇韵诗品牌联合抖音制作魔力控水创意贴纸,邀请各种类型的抖音达人如张欣尧、"露啦嘞""Rita 姐_白彦翱"等,通过各种魔术般的炫酷技术、转场和效果对比等,在不同场景下充分演绎产品超强控水的特性。

(2) 挑战赛。通过挑战赛话题的圈层传播,吸引更多用户的参与,并有效将用户引导至天猫旗舰店,形成转化。

据悉,"哇,水被我控住了!"挑战赛吸引超过 31 万人参与,上传的短视频多达 34 万条,获得 6.8 亿的播放量和超过 1330 万的点赞量。在活动前三天的热推期间内,娇韵诗品牌的天猫官方旗舰店销量增长超过 20%。

060 冠名赞助变现

一般来说,冠名赞助指的是内容运营者在平台上策划一些有吸引力的节目或活动,并设置相应的节目或活动赞助环节,以此吸引一些广告主的赞助来实现变现。这种变现的主要表现形式有 3 种,即片头标板、主持人口播和片尾字幕鸣谢。而对内容平台来说,它的冠名赞助,更多的是指运营者在平台上推送一些能吸引人的软文,并在合适位置为广告主提供冠名权,以此来获利的方式。

通过这种冠名赞助的形式,一方面,对自媒体来说,它能让其在获得一定收益的同时提高粉丝对活动或节目的关注度;另一方面,对赞助商来说,可以利用活动的知名度为其带去一定的话题量,进而对自身产品或服务进行推广。因此,这是一种平台和赞助商共赢的变现模式。

例如，由爱奇艺马东工作室打造的说话达人秀视频节目——《奇葩说》，其主要内容就是寻找拥有各种独特的观点、口才出众的说话达人。到 2018 年，《奇葩说》已经推出了五季。据悉，《奇葩说》第一季由美特斯邦威冠名，费用高达 5000 万元，网络点击量达到 2.6 亿。随后，各大品牌商家都花高价冠名各种网络综艺节目，如《火星情报局》《中国新歌声》《偶滴歌神啊》以及《拜托了冰箱》等综艺节目都成功地采用广告来实现内容变现。

当然，在这些高额广告收入的背后，仍然需要优质内容来支撑；否则可能只是昙花一现。另外，这种泛娱乐领域内容的广告就比较丰富，首先是 PGC(Professional Generated Content，专业生产内容)，然后还有网络综艺、网络剧集和网络电影等多种强影视 IP 的内容形式。这是由于在电视媒体时代大家养成的习惯，认为广告是电视中才会出现的内容。然而，影视内容中有很多 IP 拥有极大的影响力和粉丝群体，而且可以将 IP 与产品进行长期捆绑引流，因此吸引了很多广告主。

061 付费会员变现

招收付费会员也是自媒体变现的方法之一。这种会员机制不仅可以提高用户留存率和提升用户价值，而且还能得到会费收益，建立稳固的流量桥梁。想要利用付费会员变现，就一定要重视优质内容的输出，打造自媒体平台的价值。

付费会员变现最典型的例子就是"罗辑思维"，其推出的付费会员制如下。

(1) 设置了 5000 个普通会员，成为这类会员的费用为 200 元/个。

(2) 设置了 500 个铁杆会员，成为这类会员的费用为 1200 元/个。

普通会员 200 元/个，而铁杆会员是 1200 元/个，这个看似不可思议的会员收费制度，其名额却在半天就售罄了。

专家提醒

"罗辑思维"能够做到这么牛的地步，主要是其运用了社群思维来运营微信公众平台，将一部分属性相同的人聚集在一起，就是一股强大的力量。

要注意的是，"罗辑思维"在初期的任务也主要是积累用户。当用户达到一定的量后，"罗辑思维"才推出招收收费会员制度。对于"罗辑思维"平台来说，招收会员其实是为了设置更高的门槛，留下高忠诚度的粉丝，形成纯度更高、效率更高的有效互动圈，最终更好地获利变现。

图 6-13 所示为"罗辑思维"微信公众号推出的"每天听书月度会员体验卡"以及该会员卡的一些介绍。

图 6-13　"罗辑思维"微信公众号推出的会员体验卡

062　内容稿费变现

内容稿费指的是通过优质内容获得的收益。对自媒体来说，内容稿费主要包括两种，一种是平台投稿变现，另一种是图书出版变现。在此笔者将对这两种方式进行介绍。

1. 平台投稿变现

对自媒体文案作者来说，写作已是家常便饭，且一般都具有不俗的写作能力。在这样的情况下，要想实现内容变现，可选择的道路是多样的。其中之一就是从文案入手，借助各大平台的自媒体大号变现，也就是向平台投稿，通过原创文案来获取稿费收入。

自媒体文案作者可以多关注一些自己感兴趣且有能力创作相关文案的账号，然后试着与其联系和投稿，从而实现变现。在这一变现方式中，要注意的是平台账号的选择——应该选择那些投稿审核快和成功率高的账号。图 6-14 所示为"木棉说"微信公众号的投稿入口及其相关文案。

对那些优秀的经常投稿的自媒体文案作者，平台可能还会考虑发展他们为专栏作者，从而让其在文案写作之路上走得更远。这样的发展道路在很多自媒体账号发布的投稿文案中都有提及。图 6-15 所示为"灼见"微信公众号的"灼见投稿须知"文案内容。

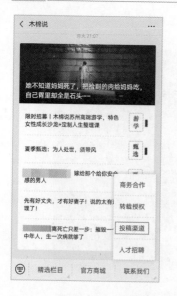

图6-14 "木棉说"微信公众号的投稿入口及其相关文案

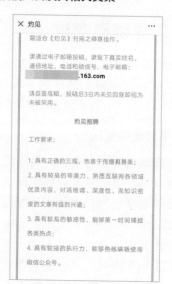

图6-15 "灼见"微信公众号的"灼见投稿须知"文案内容

2. 图书出版变现

图书出版变现,主要是指自媒体在某一领域或行业经过一段时间的经营,拥有一定的影响力或者有一定经验之后,将自己的经验进行总结,然后进行图书出版来获得稿费收入的盈利模式。

采用出版图书这种方式去盈利,只要平台运营者本身有基础与实力,那么收益还是很乐观的。例如，微信公众平台"手机摄影构图大全""凯叔讲故事"等都有采取这种方式盈利，效益比较可观。

图 6-16 所示为微信公众号"手机摄影构图大全"推送内容中介绍的一个与手机摄影相关的图书出版消息。

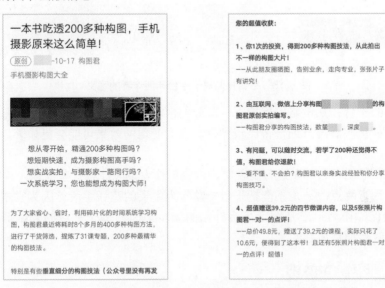

图 6-16 "手机摄影构图大全"微信公众号上的图书出版案例

063 平台补贴变现

对于自媒体而言，资金是吸引他们的最好手段，平台补贴则是诱惑力的源泉。作为魅力无限的内容变现模式，平台补贴自然是受到不少内容创作者的注意，同时平台的补贴策略也成为大家的重点关注对象。

自 2017 年以来，各大平台陆续推出了不同的补贴策略，具体如图 6-17 所示。

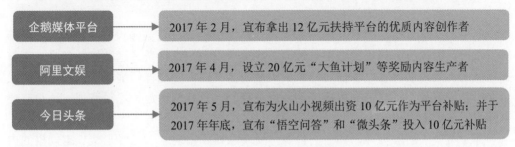

图 6-17 各大平台的内容创业补贴策略

平台补贴既是平台吸引自媒体文案作者的一种手段，同时也是他们盈利的有效渠道,具体的关联如图 6-18 所示。

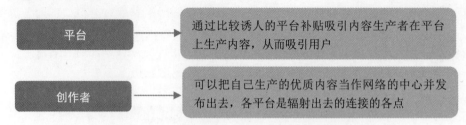

图 6-18 平台补贴对于平台和创作者的意义

在这样的平台补贴策略的保护下,部分的内容创作者能够满足变现的基本需求,如果内容足够优质,而且细分得比较到位,那么变现的效果可能会更显著,获取更为惊人的补贴。

但是,在借助平台补贴进行变现时,内容创作者也应注意一些问题,具体如下。

笔者认为有两点:一是不能把平台补贴作为主要的赚钱手段,因为它本质上只是起到基础的保障作用;二是跟上平台补贴的脚步,因为每个平台的补贴都是在变化的,因此顺时而动是最好的。

064 品牌融资变现

各种自媒体变现平台和自媒体内容创业的火热发展,也引发不少投资者的注意。融资的变现模式对创作者的要求很高,因此可以适用的对象也比较少。但无论如何,融资也可以称得上是一种收益大、速度快的变现方式,只是发生的概率比较小。而在各个内容平台上,有着众多的优质内容创作者。因此,通过企业融资获利是比较快而且效益可观的获利方式。

例如,"新世相"就是一个非常成功的融资变现案例。"新世相"头条号在获得上千万阅读量的前提下,轻松获得了多轮资本投资,其投资方有真格、腾讯、华人文化、正心谷和昆仑万维等。

另外,"新世相"的 B 轮融资额超过 1 亿元,由昆仑万维领投,厚德前海、险峰旗云跟投,冲盈资本担任独家财务顾问,将重点发力知识付费。运营好头条号,创作各领域的优质原创内容,从而迅速吸引大量粉丝关注。在这样的情况下,获得企业融资并不是天方夜谭,而是有可能成为变现途径的。只是利用这种途径变现,还是需要有强大的创作实力和魅力。

除了对个人的融资外,如今的自媒体变现领域还出现了对已经形成一定规模的内容平台的投资。例如,"泽休文化"就成功获得由美图领投,聚桌资本跟投的千万元级 A 轮融资。"泽休文化"旗下开设了 3 个栏目,分别是"厨娘物语""白眼初体验"及"我们养猫吧"。

其中，"厨娘物语"是极具特色的一档节目，其用户定位比较明确，即满怀"少女心"的群体，而且运营方面也采用了 IP 化与品牌化的思维。图 6-19 所示为"厨娘物语"节目的一个截图，从颜色布局就可以看出其风格定位。

图 6-19　"厨娘物语"节目的一个截图

"厨娘物语"不仅通过自身精准的用户定位和鲜明的少女风格吸引了美图的融资，成功达到盈利变现的目的；而且它还积极与用户展开互动，比如内容、评论的互动，出书与粉丝进行深入交流等。通过这些互动，一方面可以增强用户的黏性，提升用户的信任度；另一方面可以从侧面实现变现。

065　代理运营变现

进入自媒体时代后，很多传统企业出现危机意识，想要紧跟时代去尝试自媒体的内容营销方式，这又给自媒体创业者一个新的商机。代理运营变现应运而生。有些自媒体创业者已经在各种内容平台聚集了很多用户，小有成就，掌握了一定运营经验和资金，开始帮助一些品牌来代理运营自媒体平台而获得收益。

代理运营模式非常适合没有核心团队、没有多余时间、没有专业技能以及不懂内容运营的个人和企业，能为他们带来品牌宣传、产品销售、活动策划、用户积累以及提升竞争力等好处。

现在自媒体内容平台上有很多用户过百万的独立账号，这些账号的用户基本上是通过代运营这一模式，依靠以前在微博、QQ 等社交平台上积累的用户转化过来的。在此以微信公众号代运营为例，介绍其运营模式，如图 6-20 所示。

运营者可以为个人或企业提供官方自媒体账号策划、定位、开号、日常运营以及吸粉推广等全系列包月或包年运营服务，并根据其产品或品牌特性，进行有针对性的内容策划，同时为品牌提供合适的推广方案，推荐适合合作的自明星等。图 6-21 所示为某平台提供的抖音代理运营服务。

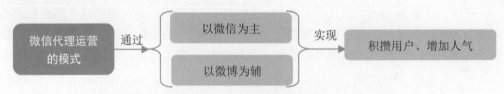

图 6-20 微信代理运营的模式

图 6-21 某平台提供的抖音代理运营服务

第7章

朋友圈：水到渠成，成功营销并不难

学前提示　朋友圈是运营自媒体和打造自明星的重要平台。通过朋友圈建立与用户的联系，同时跟用户互动，进而塑造一个自明星形象，能够有效促进朋友圈营销，这也要求运营者掌握一定的方法和技巧以达到事半功倍的效果。本章将具体介绍运营朋友圈的方法和技巧。

要点展示

- ▶ 巧用头像当首选广告位
- ▶ 在昵称中体现独特理念
- ▶ 个性签名展现最佳魅力
- ▶ 巧用便捷功能管理用户
- ▶ 控制朋友圈文案长度
- ▶ 巧妙晒单晒好评引关注
- ▶ 朋友圈多传递正能量信息
- ▶ 加强与用户之间的互动
- ▶ 维护好与老用户的关系
- ▶ 做有心人增加好感度
- ▶ 避免误区做朋友圈赢家

066　巧用头像当首选广告位

现在都讲视觉营销,也讲位置的重要性,而微信朋友圈首先进入大家视野的就是微信的头像。可以说,这头像图片虽小,却是朋友圈最引人注目的首选广告位,一定要用好,不要浪费了!

在笔者的微信朋友圈里有几千个朋友,我对他们的头像进行了分析总结,普通人的头像两种图片最多:一是自己的人像照片,二是拍的或选的风景照片。但是侧重营销的人,即使用人物,也要更上一层楼,其中三类照片用得多:一是自己非常有专业范的照片,二是与明星的合影,三是自己在重要、公众场合上的照片。

不同的头像,传递给人不同的信息,自媒体运营者可以根据自己的定位来设置头像。朋友圈头像设置技巧如图7-1所示。

图 7-1　朋友圈头像设置技巧

知道了头像设置的技巧,那怎么设置头像呢?其实,设置头像的方法非常简单,具体如下。

步骤01　打开微信,进入"个人信息"页面,点击"头像"按钮,如图7-2所示。

步骤02　操作完成后,进入"头像"页面,点击右上方的 ••• 图标;在弹出的列表中选择"从手机相册选择"选项,如图7-3所示。

图 7-2 点击"头像"按钮　　　　图 7-3 选择"从手机相册选择"选项

步骤 03 执行操作后,进入"图片"页面,找到并选择想要设置的头像图片,如图 7-4 所示。

步骤 04 操作完成后,对图片进行调整;调整完成后,返回"个人信息"页面,如果头像已完成修改,就说明头像设置成功,如图 7-5 所示。

图 7-4 "图片"页面　　　　　　图 7-5 设置的头像效果

用户参照以上方法,可以将头像换成对自媒体最为有利的各种图像,但切记,一定要让用户感到真实,有安全感,这样用户才会更加信赖自己。毕竟,有了信任才是自媒体运营之路的开始。

067　在昵称中体现独特理念

在朋友圈里，拥有一个得体又很有特色的名字是非常重要的。对普通人来说可能这个名字无关紧要，但对于自媒体运营者来说，就要仔细斟酌、再三考虑。

纵观各个平台的自媒体账号，昵称可谓五花八门，风格不一。如果对其进行分类，主要可分为以下 4 种。

(1) 真实的信息资料，也就是用自己的真名。
(2) 个人的兴趣喜好，比如喜欢英文就用英文名称。
(3) 性情品格的体现，比如性格随和就叫"佛系少年"。
(4) 账号内容的体现，比如教摄影的账号就用"摄影"作为名称的关键字。

下面给大家总结两种常见的昵称取法。

- 真实取名：直接用自己的姓名，或者团队名称来命名。
- 虚拟取法：可以选用一个艺名、笔名等，但切记不要经常变换名称。

自媒体运营者因为有着自己不同的目标，要考虑名字对于用户的影响，最好是能在昵称中给用户呈现出自己独特的理念。自媒体运营者在给账号取名时应该注意的要素具体如图 7-6 所示。

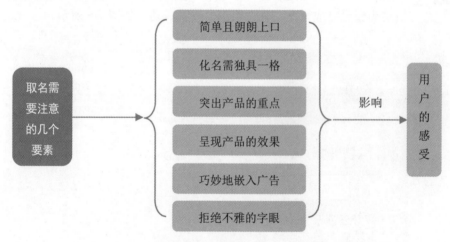

图 7-6　取名需要注意的几个要素

例如，简单且朗朗上口的微信昵称，就有以下两点好处。

- 增加信任度，让用户有一种亲近的感觉。
- 方便用户记忆，营造记住了就不会忘记的效果。

很多自媒体运营者喜欢使用广告作为名字，认为这样更加直接地表达了自己的意愿。其实广告昵称是很危险的，要慎用。因为用户的眼睛是雪亮的，看到广告就会产生一种排斥情绪。另外，信任不是短时间内就能建立起来的，需要长期的积累。

其实使用自己的真名对于增加用户信任度是很有帮助的，因为自己的银行卡和支付宝账号都是实名制，用户看到的是真实名字，会产生好感。如果不想让自己的名字弄得众人皆知，可以使用自己的小名，也不失为一个好方法。

下面以某微信号为例，介绍微信改名字的步骤。

步骤01 打开微信，进入"我"页面，点击"微信号"按钮，如图 7-7 所示；进入"个人信息"页面，点击"昵称"按钮，如图 7-8 所示。

图 7-7 点击"微信号"按钮　　　　图 7-8 点击"昵称"按钮

步骤02 进入"更改名字"页面，输入想好的名字；点击"保存"按钮，如图 7-9 所示。操作完成后，返回"个人信息"页面，如果名字已完成修改，就说明名字设置成功了，如图 7-10 所示。

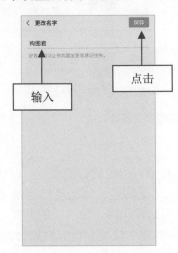 

图 7-9 "更改名字"页面　　　　图 7-10 "个人信息"页面

068　个性签名展现最佳魅力

个性签名是自媒体运营者向用户展现自己性格、能力、实力等最直接的方式，所以为了一开始就给用户留下一个好印象，应该重点思考如何写好个性签名。写什么样的个性签名，取决于我们的目的——是想在用户心里留下什么印象，还是想达到某种营销效果。但无论出于哪种目的，个性签名都应该展现运营者的最佳魅力，吸引用户，留住用户才是最重要的。

一般来说，朋友圈个性签名的设置大概有以下 3 种风格。

1．个人风格式

这是个性签名中最常见的风格。选择此种风格的运营者会根据自己的习惯、性格特征、喜欢的好词好句等来编写个性签名。一般来说，大多数运营者都会选择这种风格作为自己的个性签名，如图 7-11 所示。

图 7-11　个人风格式的个性签名

2．成就展示式

使用这个风格个性签名的运营者，一般都会带有一定的营销性质。但他的身份很少会是直接的销售人员，作为服务人员的可能性更高些。但他绝对也是销售与宣发环节不可缺少的一员。笔者的个性签名就是采用这种风格，如"十亿影响力大 V"等词汇，就是通过数据来展现自己的具体成就，这种个性签名很有说服力，如图 7-12 所示。

图 7-12 成就展示式的个性签名

3. 产品介绍式

这种方式可以说是销售人员最常用的方式。它采取最简单、粗暴的方式告诉对方用户他的营销方向与内容，如图 7-13 所示。

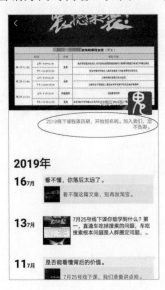 

图 7-13 产品介绍式的个性签名

除了介绍店铺外，还可以直接介绍他所销售产品中的明星产品，一般来说都是知名度比较高的产品。

接下来为大家介绍设置个性签名的步骤。

步骤01 首先进入"我"页面，点击"微信号"按钮，如图 7-14 所示；进入"个人信息"页面之后，点击"更多"按钮；进入"更多信息"页面，点击"个性签名"按钮，如图 7-15 所示。

图 7-14　点击"微信号"按钮　　　　图 7-15　点击"个性签名"按钮

步骤02 进入"个性签名"页面，在编辑栏中输入个性签名；全部输入完成后，点击"保存"按钮，如图 7-16 所示。设置成功后效果如图 7-17 所示。

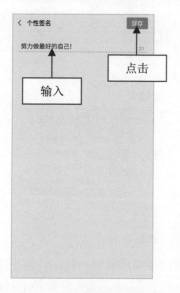 

图 7-16　"个性签名"页面　　　　图 7-17　设置完成效果

069　巧用便捷功能管理用户

在当代社会，时间就是金钱。在朋友圈运营过程中，运营者掌握好一些便捷的功能，既简单又省时，还能有效提高自己的工作效率和成效。下面将具体介绍朋友圈运营中3种管理用户的便捷功能。

1．群发助手

微信"群发助手"是一款方便、快捷的微信营销软件，这款软件在应用时有着诸多优势。它可以通过精准的定位和地毯式推广节省运营者的时间，还可以多渠道同时推送文案信息。群发消息对于朋友圈运营者来说非常实用，其优势具体如图 7-18 所示。

图 7-18　微信群发消息的优势分析

群发消息虽然每个人都可以收到，可是如何保证每个人都读到信息并且回应呢？下面介绍群发消息需要注意的4个关键点。

（1）我们要保证所发消息的内容足够简洁，主题明确。不要大规模煽情，而是要让人轻易抓住重点。而且所发的内容不要是纯广告，一定要引人注目，这样用户才能愿意去读、去交流。

（2）如果所发的信息内容有配图，那么一定要保证图片的清晰度和美观程度。而且对方在接收图片时，很有可能发生图片被压缩的情况，所以必须保证所配照片的重点在中间部分，而不是边角、边框上。不然会让对方不知所云，不能准确地理解文案要表达的意思。

（3）争取做一个"标题党"。一个好的标题是成功的一半。如果标题不新颖，很普通，有些人可能根本没有往下读的兴趣。自媒体可以选择用标题营造一种紧迫感，让人觉得"读了大概能讨到好处、不读肯定会吃亏"。

（4）选择合适的发送时间。这个时间段应该集中在一日三餐和晚上 8 点过后 10 点之前。不能太早，否则很容易被很多消息淹没；不能太晚，否则容易打扰用户的睡眠时间，甚至会被用户直接拉黑。

2. 聊天置顶

在朋友圈运营过程中，不同用户的重要程度也不同。有些用户表现出对产品明显的好感或是具有强大的购买力，那么，就需要重点对待这些用户，在必要时需要进行聊天置顶设置。

其中，当遇到必须跟多个用户同时聊天的情况时，重要用户的置顶设计对于运营者来说非常必要，它既能帮助运营者节省寻找用户的时间，又能在操作上更加便捷。只要打开微信就能快速、方便地找到他们。

下面介绍在微信中将重要用户聊天置顶的操作方法。

步骤01 打开某个重要客户的聊天窗口，点击右上角的 ··· 按钮，如图 7-19 所示。

步骤02 进入"聊天详情"页面，点击"置顶聊天"按钮，如图 7-20 所示，即可完成设置。

图 7-19　点击右上角 ··· 图标　　　图 7-20　点击"置顶聊天"按钮

3. 标签分组

运营者在经营过程中，会遇见很多不同的用户，这些用户可能需求不同，可能性格不同，可能消费水平不同。我们不能用同一种方式对待所有用户，有些方式适合一类用户，但是对另一类用户就丝毫不起作用。而且，每个用户都会有自己的需求，相应地，每种用户都会有适合他们的销售模式或者是产品。

所以，为了方便精准地推荐产品，运营者应该将这些用户分门别类进行分组管理，在为自己工作提供便利的同时，还能用正确、适合的方式对待每个用户，提高工作效率。

微信分组管理有多种模式，具体如图 7-21 所示。

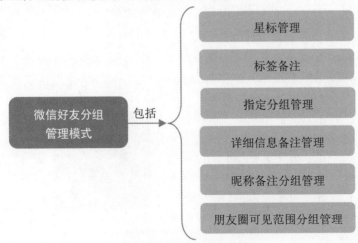

图 7-21 微信分组管理模式

为什么要给用户设置标签？笔者认为这样做大致有两个好处，具体如下。

（1）可以方便整理用户信息。根据购买力、兴趣爱好、购买内容等分类后，运营者便可以对症下药，加强营销转化率。

（2）在朋友圈营销中，也可以针对某些内容屏蔽一些人。比如有些新用户还处于发展友好关系的阶段，不愿意看到太多文案广告，便可以屏蔽他们以免被他们讨厌。

070 控制朋友圈文案长度

在发布营销广告文案时，无论内容是什么，有一点是必须注意的，那就是字数不宜太多。一般来说，108～200 字的朋友圈就会被系统自动折叠，只展现其中一半到 2/3 的信息，超过 200 字的内容就只剩下一行字了。超过字数的内容需要用户点击"全文"按钮，才能展示剩下的内容，如图 7-22 所示。平时大家工作生活都很繁忙，太长的内容可能没有多少人会认真读完。

一般来说，如果有 100 个好友，同时看到了需要点开全文才能阅读的信息内容，愿意点开的人数可能连一半都不到，特别是在显现的文字并不能吸引他们注意的前提下。所以说，如果想让朋友圈好友都能顺利地读完朋友圈，就一定要严格控制朋友圈的发文字数。

其实很多时候，100 多个字已经足够具体描述一个产品或是一件事了，所以每次在文本内容编辑完成时，运营者应该认真翻看几遍原有的文字，然后进行适当删减，去除那些啰唆的、不需要的形容词和副词——用白描手法写出来的东西，反而让人觉得更加贴近生活。

图 7-22　朋友圈被折叠的内容

可是有时为了内容的丰富，文案比较长，也不能进行删减。对于这种情况可以采取什么方法呢？下面为大家进行具体介绍。

1. 文案分成多个部分，分别发送

当文案信息内容过长，又确实不能进行删减时，可以将文案分成多个部分分别发送。在使用这一方法时，文案内容一定要有意思，并且在一段文字的最后，应该写上一些能够吸引微信好友们接着看下去的内容，这些文字类似于说书先生的"且听下回分解"，一般能牢牢抓住用户的好奇心。

当然，文案各个不同部分之间间隔时间不宜过长，不然阅读的人可能会忘记之前的内容，也不会有兴趣重新翻看之前的内容。还有一点要注意，文案分成多个部分分别发送时，也不能分成太多篇，最多分成 3 篇，不然刷屏了也可能会引起一些人的不满。

2. 用专业软件生成美观图片

在朋友圈文案中需要加入一些辅助性图片或说明时，如果朋友圈运营者不想太麻烦，直接用手机自带的文稿编辑功能写东西，然后截图，这样可以达到目的，但缺点就是不太美观。为了打造高质量、美观的朋友圈文案，建议运营者还是用专业的软件来编写。而且这些软件中一般都会提供很多不同的模板，能够让画面更加好看、吸引眼球，让人忍不住点开仔细品读。

图 7-23 所示为一些专业软件中好看的模板。当然除了图片，也应该配合一些文

字来吸引朋友圈好友点开图片来仔细阅读文案。

图 7-23　专业软件中好看的模板

3. 长文案换别的渠道发

如果文案太长，放进企业或个人公众号里也是一个很好的选择，至少可以保证排版的美观大方。当然，前提是一定要取个吸睛的标题，这样才能吸引用户去阅读。

071　巧妙晒单晒好评引关注

自媒体运营者在微信朋友圈进行推广和营销的过程中，除了需要发产品的图片和基本信息以外，为了让用户信任，也可以晒一些成功的交易单或者快递单，但是有两个问题在晒单过程中必须要引起我们的注意，具体如下。

（1）晒单必须适度。

朋友圈用户对无谓的疯狂刷屏是十分抗拒的，微信朋友圈毕竟是私人社交场所，用户更希望与朋友进行真实情感的交流。可是正如我们所知，晒单其实是非常重要的，用户们看到大量的成交量也会对产品本身产生好奇心。

从营销角度来说，适度晒一些交易成功的单子，是可以刺激消费。那么晒交易单究竟有什么好处呢？具体如图 7-24 所示。

（2）单据上显示的信息必须是真实的。

这意味着我们所有能够透露给微信好友们看的信息必须真实，以诚信为本。

一般来说，晒单的主要内容大概都是快递信息，其中包含收件人的地址、手机号，也包括快递单号等。晒单可以让用户了解包裹的动向，也能体现出运营者对产品的关注，为以后的合作打下良好的基础。

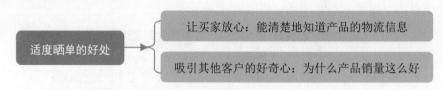

图 7-24 适度晒单的好处

下面以微信朋友圈发走单广告为例,以图文并茂的方式进行一款食品的营销推广,这样能吸引一部分消费者光顾,如图 7-25 所示。

图 7-25 走单信息和物流单号展示

除了晒单外,在朋友圈晒好评也是一种能打动客户的方式。

一般来说,提到"好评"立刻就会想到淘宝。淘宝购物平台上有一种特别的评价方式,叫作"淘宝卖家信用等级"。每个用户在与卖家结束一份生意之后,可以给卖家打分,5 分为满分。这个分数包括商品本身是否符合商家描述、店家的服务态度与物流信息等。

设计"信用等级"这种评价平台,其实是为了给第三方用户一个基本的参考。所以为了在最短的时间内得到相对来说比较高的等级,自然是需要更多的满分。而级别越高,用户就会更加相信这家店铺,自然购买的人就越多。以至于到后来,好评究竟可不可信,已经没有人在意了,大家的注意点都在有没有这个所谓的"好评"。朋友圈运营者也可以吸取淘宝的经验,将"好评"潜移默化成客观存在的评价标准,使用户们能够相信"好评"。

但淘宝和朋友圈还是有区别的。淘宝是公共的线上店铺,用户对它的评价是透明公开的,点进店铺就可以看见。可是朋友圈不同,它毕竟是一个相对来说隐私感比较重的私人社交平台。所以说用户给的"好评",运营者应该发到朋友圈里让所有用户都能够看到。

晒好评,一方面,它本来就是一次打广告的机会,利用截图或者是一切描述性语言,来阐述某个品牌、某个产品的信息;另一方面,它可以带来关于某种产品好的评价,让看见这条信息的人了解这个产品的好处,该产品为什么被人们所喜欢。

图7-26所示为两组微信对话形式的好评。运营者可以将这些好评信息通过截图的方式存入手机照片库,然后再发表到朋友圈。

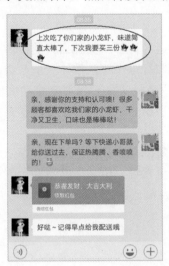 

图7-26 微信对话好评截图

晒好评和一般的广告不同,因为它不是自说自话,自卖自夸。它将主动权交到了用户手中,运营者自己变成了第三方,不干涉产品与买家之间的直接接触。这样得来的好评,价值要远远大于运营者自己的吹嘘与赞扬。

当然,除了等着用户发好评过来外,运营者还应该主动出击,利用一些小的活动,如打折、送礼物等方式,去鼓励用户写评价。

除了直接的好评外,作为运营者也可以加强售后,通过长期的跟踪询问得出关于产品评价的信息。

072 朋友圈多传递正能量信息

运营者在分享朋友圈的时候,切记不要发一些相对来说比较消极、负能量的东西。在这个繁忙的社会,工作一天的朋友圈好友们好不容易抽出一点时间翻看朋友圈,肯定是希望能够看到一些相对轻松和愉悦的信息。

在这种情况下,消极的情绪是不讨他人喜欢的。偶尔一两次可能不会造成用户的反感,可如果长期传递一些消极的信息,就会被一些用户讨厌,进而拉黑或是屏蔽。

所以说，用户们与其将朋友圈当作私人社交平台，不如将它当作工作场所，一丝不苟地去对待你的用户，给他们最得体的言行和情绪。

因此，在朋友圈中，最好经常发布一些正能量的内容，让人看到之后想要积极向上，让用户感受到你个人的热情与温暖。

那么应该如何让用户感受到我们的正能量呢？一般有两种模式，下面为大家详细分析两种模式的具体内容。

1. 自己的真实体验

运营者可以写一些真实的感受。例如，最近经历了一些什么样的事情，有哪些收获，从中学到了什么东西，将来会如何具体地实行这个想法等。一般来说，这种文案不宜过长，太长用户也不愿意读下去。同时，这种文案对语言文字功底的要求会略高；否则很容易写成鸡汤文，反而降低好感度。所以，运营者平日除了要学习运营知识外，还得多多阅读与积累。

当然，除了"感受"这种相对来说比较抽象的东西外，还可以分享一下最近学会或是进步的某个技能。这样比起单纯的文字能量来说，更加能够激励到朋友圈中的用户，还能提高他人对你的评价。原创正能量朋友圈的案例如图7-27所示。

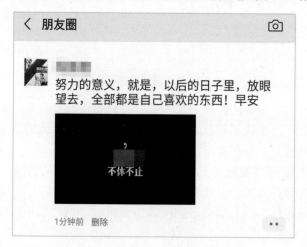

图7-27　原创正能量朋友圈的案例

2. 转载看到的美文

运营者可以转载自己看到的美文。当然，这篇文案如果出自用户自己企业、公司自媒体平台的话就更好，因为它不仅可以为朋友圈营造正能量，还能潜移默化地宣传一拨自己的企业，一举两得。

同时也需要注意，转载的内容不要有太多心灵鸡汤。对于一些教育背景比较深厚的人来说，心灵鸡汤在他们心中几乎等同于负能量信息，一样惹人讨厌。如果实在要发，记得灵活运用朋友圈的限定查看功能。这个功能在本章后面的章节会提到。

转载文案的内容也可以根据大众喜好和感兴趣的热点来决定。例如，现在"国学热"正盛，就可以转载一些跟中国传统文化相关的文案，这样既能起到激励人心的作用，又能给人博学多才的印象。但选取内容时也要注意不要长篇大论。

转载正能量朋友圈的案例如图7-28所示。

图7-28 转载正能量朋友圈的案例

073 加强与用户之间的互动

自媒体应该加强与用户之间的互动，只有经常与用户互动，才能在朋友圈里占据一席之地，让用户熟悉、接受自媒体的推广。那么如何在朋友圈里不降低好感度地与用户互动呢？点赞加评论是最有效的方法之一。

利用朋友圈点赞的方式让用户记住自己，还能得到被用户关注的机会，微信朋友圈点赞维持关系的原理是：先付出后回报。

看到朋友圈用户发聚会很开心，评论一下，与用户分享快乐；看到用户发了看电影的状态，运营者可以评论一下，还可以讨论剧情，有利于互动交流；看到用户晒体重的，长胖了的、太瘦的，可以评论关心一下；还有看到朋友圈发表对于未来的期待和自我激励的状态时，要及时点赞，表示对用户的支持和鼓励，用户看到了也会觉得欣慰。

运营者想要在朋友圈赢得用户的好感，增加信任，还有一个有效的互动方式，就是在朋友圈分享生活增加人情味儿。

当一个自媒体没有一味地刷屏打广告，而是像真正的朋友一样，经常分享一些贴近生活、有人情味儿的内容，就会受人喜爱得多，还会使你在朋友圈好友中脱颖而出，成为朋友圈中的红人。

如何让自己的朋友圈看起来更加具有人情味儿呢？主要有 3 个方法，下面进行具体介绍。

（1）多发一些与生活息息相关的内容。想要朋友圈中处处充斥着人情味儿，晒生活是最好的加持。而且分享生活中的点点滴滴，也是最容易让别人与你产生互动的方法。比如你去某个地方旅行，拍几张当地美丽的风景图，自然会有人好奇来问你这是哪个地方？值得一去吗？有什么旅游经验值得分享？

又或是你今天做了一道菜，把照片拍得好看些，并且稍微 PS 一下发在朋友圈里，也会有人来问，这道菜难做吗？需要哪些基本材料？做菜的步骤是怎样的？这些都是可以细聊的问题。

这样关于生活的对话，一来二去就可以和朋友圈中的一些好友保持友好的关系，同样也多了一些聊天话题。即使只是分享自己旅游和健身的一些感悟，也可以在他人心中荡起涟漪，让用户感受到你的生活态度，这就是"人情味儿"。

（2）在发布新产品时，开展赠送活动。这一行为不仅可以起到宣传新产品的作用，还能激起朋友圈用户的热情、聚集人气。

（3）将朋友圈用户们当作亲人对待。很多时候，能够发出有人情味儿朋友圈的前提，就是将受众当作亲人或是挚友，所发布的朋友圈也尽量能够给对方一定的帮助。经常用关心亲人的心理去关心朋友圈里的用户，用户也会变得越来越期待看到你的文案。

自媒体可以通过这种互相分享喜悦和难过的方式，逐渐与朋友圈的用户成为无话不谈的好友，为未来的发展打下坚实的基础。

074 维护好与老用户的关系

很多自媒体在运营的过程中会慢慢忽视老用户，再也不去在乎老用户的感受。可其实只要老用户对自媒体平台满意，就会成为自媒体非常坚实的后盾，所以自媒体应该尽力去维系与老用户之间的关系。

想要达成这一目的，应该培养和维护好与老用户之间的关系，多与他们在朋友圈里互动，多去关心并且主动问候他们，与这些用户建立比较稳定且良好的关系。那么，维护与老用户的关系有哪些好处呢？下面为大家详细分析以下几点。

1. 降低发展用户的成本

一般来说，发展一位新用户比巩固一位老用户的投入大得多，不管是资金方面还是精力方面。而且就算争取到了新用户，从搞好关系、跟踪调查、了解喜好种种过程来看，要让新用户完全信任自媒体，也得花上小半年的时间。所以，巩固与老用户的关系，不仅能够节省时间，还能降低发展用户的成本。

2. 老用户能带来新用户

老用户不仅能够给企业带来生意，还可以带来更大的盈利方式，那就是介绍新用户。一般来说，普通人如果有很认可的一个品牌，而他身边的朋友亲人又刚好在为某产品发愁的话，老用户都会将自己熟悉并且信任的品牌推荐给对方。在推荐的过程中，为了使自己的话更有可信度，他们往往都会详细地介绍品牌的信息。这样就帮助运营者节省了介绍的一步。

根据数据调查显示，在朋友圈用户中，60%都来自老用户的介绍，这一数据充分显示了老用户的重要性。

3. 提高企业盈利

由于老用户非常相信企业的产品品质，这也使他们在购买的过程中很少迟疑并且会不断选择其他的产品进行尝试。一般来说，老用户的忠诚度提高5%，整个公司的利润率会上升25%左右。可以看出，企业大部分的盈利都是由老用户带来的。

4. 提升营销成功率

由于老用户对朋友圈产品的信任，所以当朋友圈给老用户们推荐新上的产品或是一些别的产品时，老用户只要还需要这些产品，接受推荐的概率大概为50%。如果是给新用户推荐产品，由于他们对产品并不是很了解，之前也没有用过这些产品，一般接受的可能性只有15%左右。

综上所述，自媒体应该多拿出一些时间来维系与老用户的关系，给他们更好的服务，他们将会为自媒体的运营带来更多支持与帮助。

075 做有心人增加好感度

在朋友圈运营的过程中，最重要的就是提升自身的好感度，让用户不排斥朋友圈的推广文案、信息。这就需要自媒体从多方面下功夫，用细节打动用户，做一个有心人，增加朋友圈的好感度。

有时候，一些文案或者产品需要对一些用户特别强调。这时"提醒谁看"这种功能就是运营者最好的帮手。有哪些用户可能被提醒到呢？以产品为例，一般来说有两种，就是咨询过这种产品的新用户和很信赖这种产品的老客户。

那么，为什么要选择"提醒谁看"这种方式呢？

例如，如果你是老师，在教室上课，问学生一个问题。由于你并没有针对某个人，所以可能会造成无人回应的尴尬局面。大家互相推诿，都觉得对方会去回答这个问题。而如果一开始在问问题时就选择某个人，那么他一定会勤加思考，势必能答出这道题目。

在朋友圈推广的道理也是一样。没有人喜欢看文案广告，因为大多数人觉得这些广告和他们没有多大关系，不需要浪费时间。在现代社会，时间就是金钱，很少有人愿意花时间去看无关紧要的消息。可如果运营者在发朋友圈时就提醒了某些人来看，那么这些人就如同那些被老师点名要回答问题的学生，责任被推到了自己头上，不想看也得看。

但是这种方式是一种非常温柔的强迫，不仅能提高朋友圈文案的阅读量，还不会引起对方反感，一举两得。图 7-29 所示为"提醒谁看"功能按钮的位置，在发朋友圈文案的页面中，点击进去就可以选择对象了。

图 7-29 "发表文字"界面中有"提醒谁看"功能按钮

那么这种功能有什么好处呢？具体内容如图 7-30 所示。

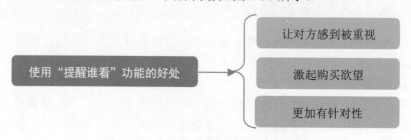

图 7-30 使用"提醒谁看"功能的好处

其实用户也知道，自媒体账号通讯录内好友的数量是十分可观的，可是在这种情况下，运营者还能清楚地记住曾经某个用户说过的小细节，细心等待这个细节出现后提醒他。这时，对方对你的好感度便会迅速提高，也能为未来购买产品打下良好的基础。

除了"提醒谁看"功能外，还有一个功能也能帮助运营者增加好感度，那就是

"谁可以看"功能，这个功能可以让信息定向发送给指定的具体用户。此功能在发布朋友圈页面的位置如图7-31所示。

这个功能一般在没有开启的时候，是自动选为"所有朋友可见"的。点击进入"谁可以看"功能页面，可以看到4个选项，分别是"公开""私密""部分可见"和"不给谁看"。"谁可以看"功能页面如图7-32所示。

图7-31　"谁可以看"功能按钮

图7-32　"谁可以看"页面

后两个选项都是针对部分人的，它们都可以选择某个或某几个标签里的用户，或是进入"通讯录"去选择单独的个体。

一般来说，朋友圈账号的好友列表里除了有用户外，也会有自己的家人、朋友、同事和同学等。而平时发的朋友圈内容除了有营销广告类，还应该有偏私生活、不适合给用户看到的生活记录类内容。同样，工作上的、生意上的事情也不应该影响到家人和朋友的生活。此时"谁可以看"功能就起到了重要作用。运营者应该合理利用它来隔绝工作与生活。

此外，从营销角度来说，针对用户需求的不同来选择可见对象也是很有必要的。朋友圈毕竟是私人社交平台，谁也不愿意总刷出自己根本不需要也不感兴趣的广告内容。过分的刷屏甚至可能引起对方的厌恶，长此以往，朋友圈就可能被用户屏蔽或者拉黑，那时就得不偿失了。

076　避免误区做朋友圈赢家

自媒体在利用朋友圈进行推广营销的时候难免会走入一些误区。下面将对这些误区从8个方面进行具体描述，希望后来者引以为戒。

误区一：决定产品犹豫不决

在微信朋友圈中，自媒体关于所要经营的产品总是有两个方面的误区，一是没有明确的目标，人云亦云；二是更多地纠结于哪一类商品更好卖，举棋不定。

这是一种对自己的目标定位不明确的表现。因此，朋友圈运营者应该有明确的目标定位，更需要有明确的自身定位。

其实，自媒体无论是人云亦云的选择，还是犹豫不决的选择，这种卖什么产品的矛盾心理在微信朋友圈中的前期工作中都不是最重要的，他们首先需要解决的是怎样维系好朋友圈的用户关系。

误区二：不重视产品质量

在微信朋友圈营销中，自媒体在经营好用户关系的同时，还要特别关注一个问题，那就是营销的前提——产品质量。这也是容易被运营者忽略的问题。

产品质量是提升用户满意度的最基本问题。只有产品质量经得起考验，才能在微信朋友圈营销互动过程中提升用户体验。因此，朋友圈运营者推送的必须是好的产品。下面为大家详细分析产品质量两方面的要求。

1) 产品的内部质量要求

产品的内部质量要求是产品本身所拥有的使用价值的体现，具体表现为两点。

(1) 人无我有，具有细分市场的优势。

(2) 人有我优，具有更强的竞争力。

这样的产品才能有利于后续的营销，产品质量好，说服力强，才能让用户主动推荐，为产品的信任背书。同时，运营者还可以借助一些证据来增强用户对产品质量的信任，如荣誉证书、检验合格证、进口报关单等。

2) 外部客户需求质量满足

产品的外部客户需求质量满足是针对客户朋友而言的，是指产品所能提供给客户的、解决客户需求痛点的特性。

误区三：不打造个人魅力

朋友圈作为一对一互动的社交平台，能够推进人与人之间的联系，而这种联系的维系和拓展，很大程度上是通过个人魅力来实现的。因此，在微信朋友圈中，运营者个人魅力的展示至关重要。

运营者想要通过朋友圈实现营销的发展，就必须最大化其设置的个人号的人格魅力，突出个人形象，主要内容如下。

(1) 头像设置个人脸部特写。

(2) 内容多发有关人的故事。

(3) 评论打造人性化的互动。

误区四：不重视用户质量

用户是实现营销目标的重要支撑，他们是精准营销的重要目标用户群体。在目前的营销生态圈层中，用户是其中不可或缺的组成元素，拥有巨大的营销价值，如图7-33所示。

图7-33 用户营销价值

基于用户的作用，一些运营者其实也意识到了用户营销的重要性，可由于对这方面知识的稀缺，可能会导致他们走入营销的认识误区，主要表现为两种情况，即只重视用户数量和忽视与用户的互动。运营者要多加注意这些误区。

误区五：转发泛滥适得其反

众所周知，微信朋友圈在信息发布方面有着极大的优势，如图7-34所示。

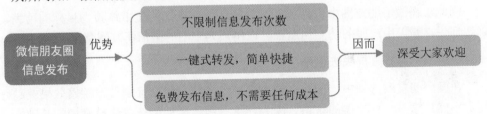

图7-34 微信朋友圈发布信息的优势介绍

但是其优势的应用也应该注意一个适度的问题，假如过度、大量地加以应用，其结果只能适得其反。

误区六：盲目迷信订阅号

在利用朋友圈营销中，订阅号的作用不容忽视。订阅号由于其具备的强大的媒体发布能力，狙击大量的阅读用户群体，从而形成了强大的社会影响力。

尽管订阅号具有如此强大的功能，然而，如果过度迷信，就会陷入信息轰炸的泥淖之中，最终会影响账号空间的发展。

误区七：混淆推销与营销

在微信朋友圈的运营中，总有人认为推销等同于营销，无论是从工作重心的角度出发,还是从出发点、方法、目标等内容来看,推销与营销都是不同的概念,不能随意把它们混同;否则认知错误只会越走越偏,如图7-35所示。

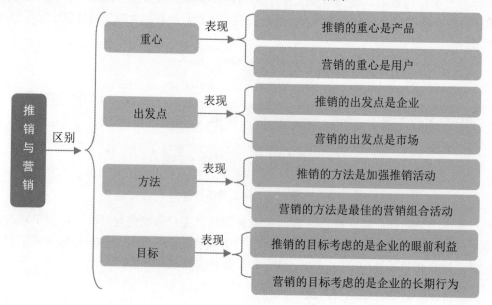

图7-35 推销与营销的区别分析

因此,在微信朋友圈中,需要的是以确保用户良好的使用体验为目标的营销,更确切地说,是以用户服务功能为途径、以用户为中心的微信朋友圈营销。

误区八:疯狂刷屏失去信任

在微信朋友圈营销中,部分人认为刷屏就能卖东西,且刷得越频繁效果就越好。其实不然,这是一种错误的认识。因为在这一服务插件中,成交最确切的基础来自于用户的信任,这也是运营和发布朋友圈信息的目的所在,如图7-36所示。

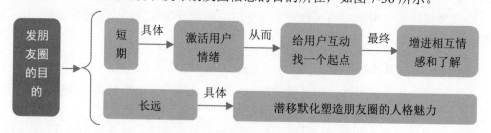

图7-36 发朋友圈的目的介绍

因此,在微信朋友圈里刷屏并不一定能够卖东西,它需建立在一定的互动沟通和情感、信任的基础上。只有这样,成交才能发生。且这种刷屏在走出认识误区的同时,还应该注意适度与目的的问题,如图7-37所示。

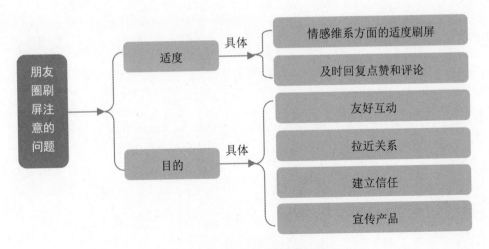

图 7-37 朋友圈刷屏注意的问题

第8章

微信公众号：12个技巧，成就公众大号

学前提示　在自媒体时代，微信公众号已经成为自媒体运营中不可缺少的一种渠道。成功没有捷径，自媒体想要运营好微信公众号，发展自己的事业，就要从多方面下功夫。本章将从12个方面具体介绍如何才能运营好微信公众号，让运营者不再迷茫。

要点展示

▶ 公众号的种类与功能
▶ 认证公众号的方法
▶ 打造原创大号的方法
▶ 四大经典文案类型
▶ 选择最佳展示方式
▶ 摘要简明引人注目
▶ 长图文增强阅读体验
▶ 封面配图引发兴趣
▶ 人格魅力征服用户
▶ 活用功能进行推广
▶ 内容排版不容忽视
▶ 公众号广告投放类型

077 公众号的种类与功能

微信公众平台为广大用户提供了 3 种常见类型的公众号,分别是服务号、订阅号、企业微信。每种公众号的功能和服务都会有一定的区别,接下来进行具体介绍。

1. 微信服务号——全新的线上服务平台

微信服务号指的是各大企业或者组织用来给用户提供服务的微信公众号,只能是企业或者组织才能够申请开通,不允许个人申请。微信服务号可以分为认证服务号、未认证服务号两种。

认证服务号有 6 项功能,具体内容如图 8-1 所示。

图 8-1　认证服务号的 6 项功能

未认证服务号有 4 项功能,具体内容如图 8-2 所示。

图 8-2　未认证服务号的 4 项功能

在日常生活中服务号很常见,一般是那些以为广大用户提供服务为主的行业会选择建立服务号,如湖南电信、中国移动 10086 等。

2. 微信订阅号——架构信息交互新桥梁

微信订阅号指的是媒体、个人向用户提供信息的一种方式。用户关注某一订阅号之后,每天都可以收到该订阅号发送的信息。订阅号使得媒体、个人与订阅者之间能够进行更好的沟通。订阅号也可以分为认证订阅号、未认证订阅号两种。这两种订阅号在功能方面没有差别，都具有 4 项功能，具体内容如图 8-3 所示。

图 8-3　订阅号的 4 项功能

订阅号是广大企业选择的最为广泛的一种公众号，如时尚芭莎、小红书 App、步步高超市等。

3. 企业微信——专业高效的企业管理渠道

企业微信是指用于政府、组织、企业等单位内部的一种公众号，它主要用于企业内部及企业上下游之间的管理，为企业的管理提供了更便利、有效的管理渠道。企业微信产品功能如图 8-4 所示。

图 8-4　企业微信产品功能

078　认证公众号的方法

一般来说，开通微信公众号之后，接下来要做的就是进行微信公众号认证。这一点千万不可忽略。因为运营者进行微信公众号认证是很有必要的，尤其是对于自媒体来说，这种重要性更为突出。如果决定运营微信公众号平台，那么自媒体最好尽快完成公众号的认证。

一般来说，进行微信公众号认证有以下好处。
(1) 让自己的公众号更具公信度，提高公众号的权威性。
(2) 对用户在进行信息搜索等方面有积极的帮助，让自己的公众号更靠前。
(3) 认证后可获得更多的功能，为平台订阅者提供更优质的服务。
下面向大家介绍微信公众号认证的相关事项。

1．认证主体的类型

就目前而言，只有微信的订阅号和服务号支持认证，且这两种公众号中可以进行认证的主体是有条件和选择性的，具体来说有以下 6 种类型，即个体工商户、企业类型、媒体类型、其他组织、事业单位和政府类型。

> **专家提醒**
>
>
>
> 需要注意的是，目前个人订阅号已经不支持微信认证，具体内容如图 8-5 所示。

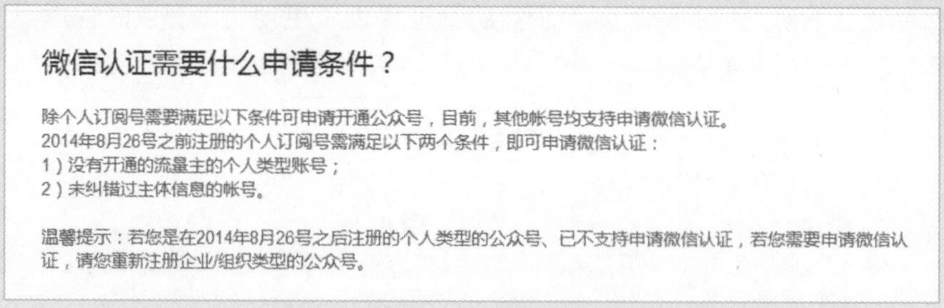

微信认证需要什么申请条件？

除个人订阅号需要满足以下条件可申请开通公众号，目前，其他帐号均支持申请微信认证。
2014年8月26号之前注册的个人订阅号需满足以下两个条件，即可申请微信认证：
1）没有开通的流量主的个人类型账号；
2）未纠错过主体信息的帐号。

温馨提示：若您是在2014年8月26号之后注册的个人类型的公众号、已不支持申请微信认证，若您需要申请微信认证，请您重新注册企业/组织类型的公众号。

图 8-5　个人订阅号与微信认证

运营者在清楚了认证的类型之后，还需要清楚每种主体认证所需的资料。这样才可以提前将所需资料准备好，为认证节省时间。

2．快速认证的步骤

选择好认证主体之后就可以进行认证了。那么认证的步骤有哪些呢？接下来为大家介绍认证的操作流程，帮助读者了解微信公众号认证最初的工作。

步骤01 进入微信公众平台后台，单击"设置"区域的"微信认证"按钮，进入微信认证页面，并单击"开通"按钮。

步骤02 进入"验证身份/选择验证方式"页面，运营者选择其中的一种方式进行验证即可；然后单击"下一步"按钮，按照系统提示填写相关信息资料；单击"提交"按钮，进入"同意协议"页面；运营者阅读完协议之后，勾选页面最下方的"我同意并遵守上述的《微信公众平台认证服务协议》"复选框；单击"下一步"按钮。按照系统提示完成操作即可。

3. 必要的年审程序

为防止企业资质证件、相关运营人员出现变更，保证账号的合法可信，微信公众号在认证后每年都要经过年审。这是已经认证了的微信公众号的后期维护工作。图 8-6 所示为某微信公众号年审相关信息。

图 8-6　某微信公众号年审相关信息

微信公众平台的年审一般系统会提前 2~3 个月开始提醒，只要按照提醒的窗口进入年审页面即可。

079　打造原创大号的方法

随着微信公众平台各项准则的完善，原创内容越来越受到重视，为了表达对原创的重视，微信公众平台还推出了"原创声明"这一功能。图 8-7 所示为开通"原创声明"的公众号文案页面展示。"原创声明"功能需要在公众号平台的网页端后台开启。

图 8-7　开通"原创声明"功能的公众号文案页面展示

> **专家提醒**
>
> "原创声明"功能有哪些作用呢?获得原创声明功能的平台,一旦发现有人转载其内容但没有注明出处,微信公众平台会自动为转载的内容注明出处并给予通知。
>
> 如果运营者发送的是自己原创的信息时,就可以设置这一功能。在保护自己权益的同时,也用原创文案为自己的公众平台带来更多的用户。

关于文案内容版权的声明,微信运营者需要注意,如果平台已经有了原创标记,可以在文案最上面或者最下面添加一个版权声明——"未经同意不得转载",这样就可以警示那些喜欢窃取别人劳动成果的人。

做好内容版权维护也是平台文案决胜的技巧之一。如果某公众平台的文案非常受大家欢迎,用户喜欢阅读,其他平台转载这个公众平台的文案时,就需要经过该平台运营者的同意,同意之后,其他平台转载其文案就能够为其文案进行宣传,因此能带来更多的用户。

如果运营者不同意转载,用户要阅读这篇文案,就只能关注这个公众号,这样用户就会增多。

080 四大经典文案类型

要写出好文就需要掌握一些文案正文的创作类型。比如,文案的正文有故事型正文、悬念型正文等。根据素材和文案作者写作思路的不同,文案正文的形式也有所不同。接下来,笔者将为大家介绍微信公众号上几种常见的正文写作类型。

1. 故事型文案

故事型文案正文是一种容易被用户接受的正文题材,一篇好的故事型正文,很容易让读者记忆深刻,拉近创作者与读者之间的距离,生动的故事容易让读者产生代入感,对故事中的情节和人物也会产生向往之情。

自媒体如果能写出一篇好的故事型正文,就会很容易找到潜在读者。对于自媒体来说,如何才能打造一篇完美的故事型文案呢?故事型文案写作最好满足以下两个要点。

(1) 合理性。故事要合理,不合理的故事很容易被拆穿,让读者看出广告成分。

(2) 艺术性。故事要有一定的艺术加工,毕竟艺术来源于生活又高于生活,但不能太夸张。

2. 悬念型文案

所谓悬念,就是人们常说的"卖关子"。设置悬念是一种常用的写作手段。自媒体通过悬念的设置，可以激发读者丰富的想象力和阅读兴趣，从而达到吸引读者阅读的目的。

正文的悬念型布局方式，指的是在正文中的故事情节、人物命运进行到关键时设置疑团，不及时作答，而是在后面的情节发展中慢慢解开，或是在描述某一奇怪现象时不急于说出产生这种现象的原因。这种方式能使读者产生急切的期盼心理。

也就是说，悬念型正文就是将悬念设置好，然后嵌入到情节发展中，让读者自己去猜测、去关注，等到吸引受众的注意后，再将答案公布出来。制造悬念通常有 3 种方法，具体如下。

(1) 设疑。在文案的开始就提出疑问，然后在文中一步一步地给予解答。

(2) 倒叙。先把读者最关注和最感兴趣的内容摆出来，然后再提出悬念，并慢慢阐述原因。

(3) 隔断。这是一种叙述头绪较多时的悬念制造方法。当一端解说到关键时突然中断而改叙另一端，而读者会表现出对前一端迫切的阅读心理，悬念由此而生。

3．逆向思维型文案

逆向思维就是要敢于"反其道而思之"，让思维向对立面的方向发展，从问题的反面深入探索，树立新思想，创立新形象。

逆向思维型的正文写法指的是不按照大家惯用的思维方法去写文案，而是采用反向思维的方法去进行思考、探索。人们的惯性思维是按事情的发展逻辑顺序去思考某一件事情，并且寻找该事件的解决措施，但是，有时换一种思考方向，可能事情会更容易解决。

4．创意型文案

自媒体从不同的角度进行文案的创意写作，可以增加读者的新鲜感，读者一般看到不常见的事物，往往会花费一点时间来"摸清底细"，从而就有可能耐心地通读正文，为营销的实现提供很好的助力。

创意式文案的写作，可以通过多种形式来实现，其中，制造产品热卖和畅销场景、剑走偏锋就是其中比较有效的方法。

如今，有很多销售领域的自媒体，为了在内容营销里脱颖而出，就使用了突破常规的形式，找一些新的、不同以往的办法来解决问题，以求出奇制胜，来获取读者的注意力。

在文案写作中也是如此，当读者已经对于如同潮水一般的文案营销有了审美疲劳时，就需要想办法给读者和用户一剂强心剂，而拥有不同思维的创意写作就是最具效果的。

081 选择最佳展示方式

自媒体平台发布内容的形式可以是多样的，不同的样式能给读者带来不同的阅读体验。因此，在运营微信公众平台时，自媒体要根据文案的内容选择最佳的展示方式。下面为大家介绍微信公众平台发布正文的6种主要形式。

1. 纯文字型

纯文字型指的是整篇文案中除了邀请读者关注该公众号的图片或者是文案末尾的该微信公众号的二维码图片外，文案要表达的内容都是用纯文字描述，没有嵌入一张图片的文章。这类正文形式常见于文学性或科研性较强的公众号。

这种形式的正文不是特别常见。因为文字多篇幅长的文案，容易引起读者的阅读疲劳从而引发抵触心理。所以，自媒体应尽量少使用这种形式来传递信息。

2. 图片为主型

图片形式的正文指的是在整篇公众号文案中，其正文内容都是以图片形式表达的，没有文字或者文字已经包含在图片里面了。这类正文形式常见于漫画类公众号。

3. 图文结合型

关于图文形式，其实就是将图片跟文字相结合的一种形式。该形式是大部分公众号采用的内容形式，图文结合能有效传达信息，是一种视觉感受比较舒服的内容形式，适合配图型或图解性较强的公号内容，如图8-8所示。

图8-8　图文结合型文案展示

4. 视频展示型

视频形式是指各大自媒体将宣传的卖点拍摄成视频，发送给广大用户群。它是当下很热门的一种正文形式。因为相比文字和图片，视频更具备即视感和吸引力，能在第一时间快速地抓住受众的眼球，从而达到理想的宣传效果。

5. 音频展示型

语音形式正文是指自媒体通过语音的形式将内容发送到公众平台上。这种形式可以拉近与读者的距离，使读者感觉更亲切。

6. 综合运用型

除了上述几种类型的正文外，还有一种形式就是综合形式。顾名思义，综合形式就是将上述 5 种形式综合起来，运用在一篇文案中。

这种形式可谓集几种形式的特色于一身，兼众家之所长。能够给读者最极致的阅读体验，让读者在阅读文案时不会感觉枯燥乏味。运用这种形式能够为自己的平台吸引更多的读者，提高平台用户的数量。

082 摘要简明引人注目

在编辑消息图文时，在页面的最下面有一个撰写摘要的部分，这部分的内容对于一则图文消息来说非常重要。因为发布消息之后，这部分的摘要内容会直接出现在推送信息中，如图 8-9 所示。

图 8-9 摘要内容展示

在编辑摘要时,要尽量简洁明了、引人注目。如果摘要写得好,不仅能够激发读者对文案的兴趣,还能够激发读者的第二次点击阅读兴趣。

当自媒体在编辑文案内容时,没有选择填写摘要,那么系统就会默认抓取正文的前 54 个字作为文案的摘要,如图 8-10 所示。

图 8-10 摘要文本框

083 长图文增强阅读体验

文案内容的生成过程中,除了上面提及的撰写技巧和需要掌握的事项外,还有一个需要注意的方面,就是基于读者阅读体验方面的思考——相对于长文案而言,读者更乐于选择阅读长图文。关于这一问题,主要可以从长图文的两个价值方面进行分析,具体内容如下。

1. 阅读感受:丰富的电影片段式

用图片作为主线的文案,更容易让读者产生阅读兴趣。就好比电影和影视剧本,对大多数人而言,人们更愿意观看的是具有画面丰富感和真实展现生活场景的电影,而不是动辄几十万字的影视剧本。比起枯燥的剧本文字,人们更喜欢生动的电影画面。

长图文和长文案也是如此。在长图文的阅读过程中,人们可以基于文案中的数十张图片而在脑海中构建成一个个电影片段。

在构建的电影片段式的阅读中,不仅可以感受到图片和文案丰富的美感,还能就其中的各种转折感受到撰写者想要表达的各种情绪上的起承转合,大大丰富了文案内容和价值。

2. 阅读效果:视觉与心理的信服感

相较于文字而言,图片不仅能在视觉上带给人们更美的感受,还能从其产生和内容呈现上带给读者更多的信服感。因为一般人都会这样认为:一张图片的形成所要花费的心思比单纯的文字要多得多——前期的素材获取和后期的编辑都是需要制作者花费巨大精力的。

因此,在阅读长图文时,读者一般会意识到文案的图文具有很大的欣赏价值,还会意识到文案的撰写者是下了功夫去创作的。

基于以上考虑，读者往往会选择点击阅读，进而转发、收藏和评论，而后面这 3 种行为是优秀文案所要达到的目标，也是自媒体运营的目的所在。可见，通过长图文，自媒体运营和文案宣传的最终目的更容易实现。

084 封面配图引发兴趣

自媒体想要打造爆款文案，一定要注意选择让读者看起来非常舒服的图片，让文章配图更加吸引人，达到"一图决胜千言万语"的效果，引爆读者眼球。一般来说，可以从颜色、尺寸、容量、清晰度等方面入手。下面主要就文案主图与侧图图片的选择和设置要求进行介绍，以期帮助自媒体优化文案图片呈现效果。

1. 主图一定要美观清晰

用户在打开一个关注了的微信公众号时，在图 8-11 所示的文案列表中，可以发现有的公众号每天会推送好几篇文案，但是有的公众号就只会推送两篇或者一篇文案。

然而，不管推送多少文案，基本上每篇文案都会配一张图片，文案所配的图片的大小也会不同，只有头条文案所配的图片比例是最大的，这张图片即可被称为文案主图，如图 8-12 所示。

图 8-11 微信公众号的文案列表　　　　图 8-12 文案主图

文案主图设置得好坏会影响到读者点开文案阅读的概率，一张漂亮、清晰的主图能瞬间吸引读者的眼球，从而让读者有兴趣进一步阅读。

衡量一张主图是否合格，可以从图片的清晰度、辨识度去判断。此外，在选取文案主图时还需要考虑图片的大小比例是否合适。文案主图比例适宜具有 3 个方面的优点，具体介绍如下。

1) 提升点击阅读量

大部分人都是视觉派的，看见漂亮的东西就会忍不住多看两眼，对于漂亮的图片也不例外。当读者在点开某一公众号之后，如果它的文案主图有特色，能够吸引人，相信很多读者都会忍不住点开文案进行阅读。

因此，一张适宜的主图要求是能够吸引读者阅读，从而给公众号文案带来更多的点击量，进而能够提升文案的阅读量。

2) 实现快速加载图片

当读者点开某个微信公众号平台的文案列表时，如果其主图设置过大，那么加载该图片就会耗费更多的时间，而一张大小适宜的文案主图加载就会更容易，能够缩短图片的加载时间。

加载主图所消耗的时间会在一定程度上决定读者是否继续阅读这篇文案，因为并不是每个人都愿意耗费时间在等待上。

主图加载所耗费的时间长短产生的结果会大不一样，具体如图 8-13 所示。

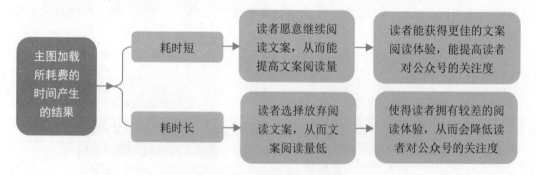

图 8-13　主图加载所耗费的时间产生的结果

3) 节省文案加载流量

当一张主图过大时，读者要加载出它除了需要花费更多的时间外，更重要的一点是会耗费更多的流量。

如果读者在 Wi-Fi 环境下阅读，并不会产生不好的影响。但是如果读者用的是手机卡的流量，那么加载出来就会耗费很多流量，读者有可能选择不去加载这张图片，进而连文案内容也不看。那么一篇文案就会流失很多读者，文案也就难以得到该有的阅读量和点击量。这对用户、自媒体来说都不是一件好事。

2．侧图要能吸引读者注意力

文案的侧图指的是微信公众号平台文案列表中除了头条文案之外的文案所配的图

片,如图 8-14 所示。

图 8-14 文案侧图展示

虽然文案侧图所占的比例较小,但是也不可以忽视它的作用,它有着跟主图一样的效果——能提高文案的阅读量以及给读者提供良好的阅读体验,让微信公众号能获得更多的读者支持。

085 人格魅力征服用户

处于社会生活中的人,他(她)之所以能获得大家的喜爱,其原因就在于其有着健全的人格。正是因为人的这一人格特征,赋予了他(她)无穷的魅力,进而产生令人爱戴和尊敬的凝聚力。

自媒体文案也是如此,它之所以能吸引读者关注,即使文案中有广告也不会让读者讨厌,原因之一是其平台内容有着自身的"人格魅力",形成了一种"魅力人格体",其中心要点就在于"人格"和"魅力"。接下来将针对这一问题的两个要素,以"Sir 电影"微信公众号为例,进行详细论述。

1. 什么是"人格"

"人格"二字是存在于每个人的意识和字典里的,且在每个人身上的具体体现又不相同。对于"Sir 电影"这一微信公众号而言,其平台内容的人格主要表现在两个方面,具体内容如下。

1)平台人格

所谓"平台人格",即"Sir 电影"这一微信公众号平台所具有的鲜明个性特征。在众多平台基于技巧和宣传痛点侃侃而谈平台的共通性和同质化,以便追求宣传的大众化和扩散的时候,"Sir 电影"却另辟蹊径,致力于打造全新的凸显自己性格的平台内容。

这一做法对传统媒体而言,是一种不理性和不中立的颠覆行为。然而,在"Sir 电影"看来,这恰好符合其充分展现个性和特点的"自媒体"身份的最真实和典型的写照。

图 8-15 所示为"Sir 电影"针对电影《阿丽塔:战斗天使》而撰写的一篇观点鲜明的自媒体文案。

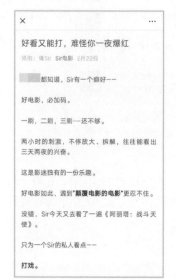

图 8-15 《好看又能打,难怪你一夜爆红》文案

在图 8-15 所示的文案中,作者从一个热爱电影的人士角度对电影《阿丽塔:战斗天使》进行了剖析。在叙述方面,着重关注其中女主人公阿丽塔打戏这一小的看点,对影片中的打戏进行了解说——在呈现影片中打戏的同时还与众多电影、明星的打戏进行对比,另外分为设计、武器、变化这 3 个知识点来诠释这一部影片的"好看又能打"的特点。

2)"家族"成员人格

除了在平台内容方面全力打造一个异于其他平台的运营方向外,在其核心价值构建上更是有着其自身的发展思路和方向——发展其"魅力人格矩阵",即 IP 家族。如今,其"家族"成员已经发展了多个个体,如 Sir(毒 Sir)、毒眸(眸爷)、山治和肉叔等,如图 8-16 所示。

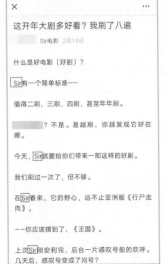

图 8-16 "Sir 电影"的 IP 家族成员举例

"Sir 电影"微信公众号利用其成员个人不断发展的影响力,不断做着"家族"成员在"人格"方面的质变提升的关键工作——通过平台内容的数量积累和优质质量的加工。

正是因为"Sir 电影"无论是平台还是其塑造的 IP 家族成员,都有着鲜明的人格特征。因此,自媒体可以通过关注平台的读者和读者关注的内容进行用户画像,这对于产品和品牌推广有着非常重要的作用,具体如下。

- 对推广产品而言,可以锁定品牌偏好。
- 对广大用户而言,可以界定性格偏好。

2. 什么是"魅力"

在自媒体运营过程中,"Sir 电影"在确立其平台及成员鲜明"人格"的基础上,思考怎样让这些鲜明的"人格"特征产生的魅力被用户所关注,并推广和宣传。

在"Sir 电影"的自媒体运营理念中,其平台媒体本身所吸引到的粉丝是可以与品牌进行合作的,并通过这种合作促成其人格魅力影响的进一步延伸和宣传品牌的价值辐射。

正是通过这种相互之间的合作,使得"Sir 电影"自媒体魅力的对外影响反过来又能促进平台用户的增加和粉丝的凝聚。

而这一运营理念的形成是建立在其极具魅力的人格基础上,矩阵成员虽然在人格方面存在较大的差异——有着鲜明的个性特征,但这种人格产生的魅力却是相通的,特别是在对外的引流和企业品牌价值辐射方面。

086　活用功能进行推广

在微信公众平台的运营中，自媒体如果已经做好了上文中介绍的工作，接下来还可以了解一些公众号栏目设置的相关知识，这也是非常有必要的。合理的功能设置不仅有助于公众号的日常运营，还可以起到增加公众号特色、吸引流量、推广电商等多种作用。

1. 设置跳转页面

有很多微信公众号将菜单名称设置为图文跳转页面，来宣传推广自己微信平台的相关信息。这样能够增加用户的点击率，而且会让用户产生好奇心，想看看点进去到底是什么或有什么。只要激起了用户的好奇心，那么你的公众号就可以吸引用户的大量关注。

笔者在这里主要介绍怎样设置菜单名称的图文跳转页面，步骤如下。

步骤01 单击左侧操作栏中的"自定义菜单"按钮，即可进入"自定义菜单"页面，如图 8-17 所示。

图 8-17　编辑菜单栏页面

步骤02 进入编辑菜单栏页面之后，就会看到已经编辑好的菜单栏。单击已经编辑好的菜单栏，会弹出已经编辑好的子菜单，单击子菜单中的"新书开售"按钮即可进入子菜单设置的页面，如图 8-18 所示。

步骤03 进入子菜单设置的页面后，会看到有 3 个选项，选中"发送消息"单选按钮，下面会出现 4 个内容形式，如果自媒体只是设置菜单名称的图文跳转页面，只需选择"图文消息"即可，如图 8-19 所示。

步骤04 单击"图文消息"之后，会跳出"选择素材"对话框，如果素材库中有现成的图文消息直接选择即可；如果没有就需要单击右上角的"新建图文消息"按钮。图 8-20 所示为选择图文消息素材页面。

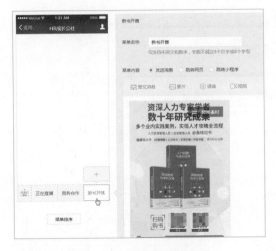

图 8-18　子菜单设置页面　　　图 8-19　"图文消息"内容形式页面

步骤 05　保存选择的素材后，菜单名称图文跳转页面就已经设置好了，最后的工作就是及时保存编辑好的内容。之后只要单击该子菜单，就会从里面跳转图文消息。图 8-21 所示为设置好的菜单名称和图文跳转页面。

图 8-20　选择素材页面　　　图 8-21　设置好的菜单名称和图文跳转页面

2. 跳转链接推广

很多微信公众号都有自己的微店或是淘宝店，他们会把菜单名称的图文跳转页面设置为自己微店或者淘宝店的网页跳转页面，这样不仅可以提高用户的点击率，还可以推广自己的微店或者淘宝店。下面介绍如何才能将图文的跳转页面设置为微店或者淘宝店。

将图文跳转页面设置为微店或者淘宝店的步骤，要建立在上一节设置菜单名称的图文跳转页面的基础上，当用户进入子菜单设置页面后，单击"跳转网页"按钮，会出现一个需要输入的页面网址，此时运营者只需将微店或者淘宝店的网址复制上去即可。图8-22所示为页面地址输入页面。

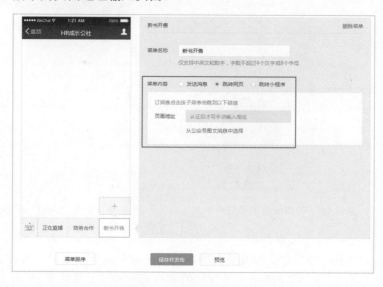

图 8-22　页面地址输入页面

087　内容排版不容忽视

微信公众号的后台所能提供的编辑功能是有限的，一般都只具备最简单的文案排版功能。而用最简单的文案排版功能做出来的文案对微信公众号推广来说太单调了，不足以吸引读者的眼球。因此，微信公众号可以借助一些功能更齐全的第三方编辑器来帮助自己设计出更多有特色的文案版式，吸引读者的眼球。

现在网上这种第三方编辑器很多，下面笔者就为大家列举比较常见的几种，具体如图8-23所示。

图 8-23　常见的微信第三方内容排版编辑器

上述这6种编辑器都是优秀的内容编辑器，操作流程也大同小异。

内容的排版对运营有很重要的作用，它决定了读者是否能够舒适地看完整篇内容并转发。除了借助第三方编辑器外，微信公众号如果想要让文章看起来更有价值、主题更加突出，还可以用一些排版技巧提高文案的转发率。接下来为大家介绍一些排版技巧，帮助微信公众号打造高流量爆文。

（1）加粗重要文本内容。发布内容时，要突出自己的主题、重点，可以使用要点加粗的方法。这样可以使读者快速地抓住内容的主题，如图8-24所示。

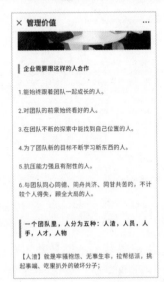 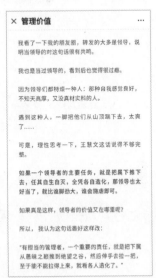

图8-24　要点字体加粗的案例分享

这种突出要点的操作，可以通过平台上的"加粗设置"来完成。

（2）重要文本内容调色。文案的文字颜色是可以随意设置的，并不只是单调的一种颜色。所以，从读者的阅读效果出发，将文案中的文字颜色，设置为符合阅读习惯和兴趣的最佳颜色，还是非常有必要的。

运营者在进行字体颜色设置时，要以简单、清新为主，尽量不要在一篇文案中使用多种颜色的字体，这样会让版面看起来非常花哨，使整篇文案缺少一种舒适、整齐的感觉。图8-25所示为要点字体调色的案例分享。

专家提醒

文字的颜色要以清晰可见为主，不能使用亮黄色、荧光绿这类让读者看久了眼睛容易疲劳的颜色，尽量以黑色或者灰黑色的颜色为主。运营者可以考虑颜色之间的搭配，只要让读者看得清晰、表意明确即可。

图 8-25　要点字体调色的案例分享

088　公众号广告投放类型

随着互联网的发展，现在网络营销的方式也越来越多，不过最基本、最广泛的还是软文营销。微信公众号想要做好软文营销，实现商业变现，就需要懂得一些软广、硬广营销的规律和要素，才能让软文营销发挥其最大的作用。

在微信公众号的运营过程中，在文案中嵌入广告是实现自媒体变现的方式之一。那么，微信公众号广告投放的类型有哪些？它们又有什么区别呢？下面笔者将为大家重点介绍4种公众号投放广告的类型。

1. 头条软文广告

头条软文广告是指在微信公众平台上，运营者将广告嵌入头条消息中的一种广告形式。那么，什么是头条消息呢？微信公众号应该怎么合理地运用头条消息达到营销推广的目的呢？头条消息就是在推送消息中，摆在首要、最上面、最重要位置的一则信息，也是最能吸引用户点击阅读的消息。图 8-26 所示为"十点读书"公众号的头条信息。

头条消息作为公众号最重要的流量入口，已成为商家们紧盯的目标，将广告投放到头条消息中，能够收获到更加完美的效果，头条消息和非头条消息最大的区别就在于用户阅读数和点赞数等一系列数据的差别。图 8-27 所示为"十点读书"公众号同一天的头条消息和非头条消息的数据对比。

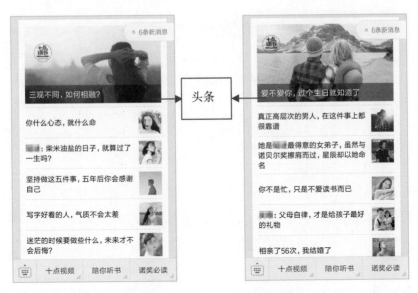

图 8-26 "十点读书"的头条信息

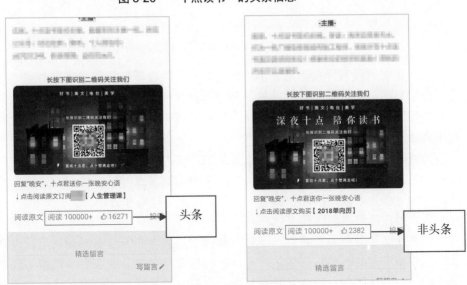

图 8-27 头条消息与非头条消息数据对比

从图 8-27 所示中可以看出,头条消息的阅读数是 10 万+,点赞数是 16271,而非头条消息的点赞数只有 2382,正是这种数据的差异性,导致头条和非头条消息的软文广告出现了不同的价格。

图 8-28 所示为官方认证的某些领域的公众号的头条消息和非头条消息的广告报价情况表,从图中可以看出,头条消息的广告价格比非头条消息的广告价格要高。

图 8-28　头条消息和非头条消息的报价情况表

头条软文广告的特点就是一个"软"字，它将宣传信息和文案内容完美结合在一起，让用户在不知不觉中就被灌输了品牌理念和产品信息，从而帮助提升企业品牌形象和知名度，促进企业销售等。软文广告的形式主要包括新闻事件类、悬念疑问类、故事叙述类、情感走心类等。

头条软文广告是微信公众号的主要盈利方式之一，它生命力旺盛，但需要一定的技巧，也很考验运营者的文字功底。一篇优秀的软文在营销宣传中的作用是不容忽视的。下面笔者为大家介绍几种撰写头条软文广告的技巧和方法。

1）抓住痛点，激发购买欲

头条软文广告必须有痛点。而痛点就是用户某方面因没有得到满足或没有达到原本的期望而引发的一种负面情绪，也可以说是用户对产品或服务的期望与现实不符而形成的一种心理落差。运营者只有对用户有充分的了解，才能满足他们的需求，激发他们的购买欲。

2）利用情景，推动购买欲

头条软文广告并不只是用文字堆砌起来就完事了，而是需要用平平淡淡的文字拼凑成一篇带有画面的文章，让读者能边读文字，边想象出一个与生活息息相关的场景，才能更好地勾起读者继续阅读的兴趣。

简单地说，就是把产品的功能用文字体现出来，不是告诉读者这是一个什么，而是要告诉读者这个东西是用来做什么的，让情景推动用户的购买欲。

3) 利用话题，提升吸引力

话题类的头条软文广告，是很多网络推广以及策划人士都很喜欢用的一种软文形式，如果可以成功制造一个拥有吸引力的话题并且拓展成软文，那这篇软文无疑会取得相当大的成功。

4) 新奇角度，提升传播力

人们往往对新奇而有趣的事，更愿意去关注和分享，头条软文广告也是如此。一篇有趣的软文广告总会引起用户的好奇，引发用户的传播。所以，当企业在策划头条软文广告时，可以从新奇角度出发。

2. 头条硬广告

头条硬广告是指在头条文章中，直接打广告的一种变现方式，硬广告的优点有传播速度快、涉及对象广泛、可直白地增强公众印象和具有动态形式。

但是在头条消息中打硬广告，容易引起读者的反感，造成掉粉，因此硬广告的收费标准比软文广告的收费标准要高一些，如图 8-29 所示。从这张图表中可以看出，微信公众平台打广告的收费价格依次是：头条硬广价格＞头条软文价格＞非头条软文价格。

微信名	ID	粉丝数量	头条软文价格	非头条软文价格	头条硬广价格
			新媒体平台价格表		
		1400000	35000	25000	45000
		920000	25000	17000	32000
		1000000	27000	18000	35000
		900000	24000	16000	30000
		480000	10000	7000	15000
		500000	12000	8000	18000
		500000	12000	8000	18000
		400000	10000	7000	12000
		500000	10000	8000	18000
		200000	5000	3000	7000
		110000	2000	1500	3000

图 8-29 微信公众平台打广告价格情况表

3. 非头条软文广告

非头条软文广告就是在非头条消息中打软文广告。图 8-30 所示为某微信公众号在非头条消息中发布的一则关于"Tempo 纸巾"的软文广告。

非头条软文广告的优势就在于其性价比较高，非头条软文广告的价格比头条软文广告要低，但其点击量也不会比头条少太多，公众大号上标题优秀的非头条文章点击量也很容易超过 10 万。

图 8-30　非头条软文广告案例

4. 非头条硬广告

在非头条消息中，除了软文广告外，还有硬广告，即自媒体在非头条消息中直接发布广告的一种变现形式。图 8-31 所示为某微信公众号在非头条消息中发布的一则推广另一个微信公众号的硬广告案例。

图 8-31　非头条消息硬广告案例

非头条硬广告的好处与头条硬广告的好处基本相同，只是因为非头条硬广告不是出现在头条内容中，其点击量和传播度会相应的比较少。

第 9 章

今日头条：11 个技巧，你写的就是头条

学前提示

"信息创造价值"是今日头条平台的广告语，作为一款个性化推荐引擎软件，今日头条能够为平台的用户提供最有价值的各种信息，成为自媒体运营的一种重要渠道。本章从 11 个方面详细介绍自媒体运营好头条号的技巧，希望对打造成自明星有所帮助。

要点展示

- ▶ 三种不可缺少的认证方式
- ▶ 三大保护原创版权的优势
- ▶ 五大政策加速头条变现
- ▶ 两大数据把握用户偏好
- ▶ 内容审核规范发文零失败
- ▶ 消重与推荐发文就是头条
- ▶ 美图作封面吸引关注
- ▶ 双标题对比加速成长
- ▶ 头条号独家首发最重要
- ▶ 头条号文章内容编辑要点
- ▶ 参与平台活动一举两得

089 三种不可缺少的认证方式

认证是运营头条号必不可少的步骤,因为这是头条号自身获得更多功能权限和体现价值的必要条件。在此就针对如何完成头条号的各种认证进行介绍。

1. 实名认证拥有更多功能权限

所谓"实名认证",就是把头条号与自身的真实身份关联起来,以确定自媒体的身份。只有完成了实名认证,头条号才能开通提现、资质认证和其他一些功能权限。实名认证的具体步骤如下。

自媒体登录头条号后台主页,进入"账号状态"页面后,可以看到该页面显示了6项功能状态,单击"作者认证"按钮右侧的"前往认证"按钮。执行操作后,即可进入相应网页,该网页用视频展示了实名认证的过程。自媒体只要按照相应操作即可完成实名认证。图9-1所示为已经完成实名认证的头条号。

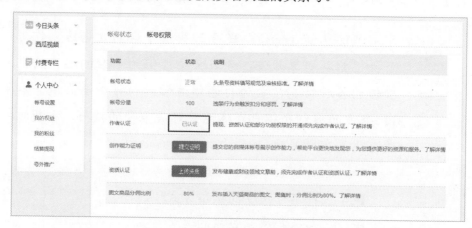

图9-1 已经完成实名认证的头条号

2. 头条认证才能提升信赖度

关于今日头条的认证,一般来说可分为两种,具体内容如图9-2所示。

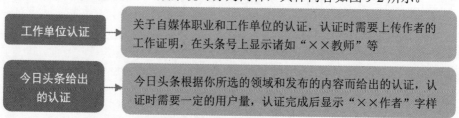

图9-2 今日头条认证的两种情况

在此，笔者以今日头条给出的认证为例介绍其认证流程，具体操作如下。

登录"今日头条"App，进入头条号主页，❶点击"申请认证"按钮，如图9-3所示；进入"头条认证"页面，在该页面上有"个人"和"企业"两个选项，自媒体可以根据需要进行选择，在此笔者❷选择"个人"选项；❸然后按照该页面上的信息进行设置，即可进行头条认证，如图9-4所示。

图9-3 点击"申请认证"按钮　　图9-4 头条认证的"个人"页面

从图9-4中可以看到，该图的下方有一个"常见问题"文字链接，点击该链接，自媒体可以了解在认证过程中遇到的难题该如何解决，从而顺利完成认证。

3. 加V认证帮助提高辨识度

在头条号后台，还有一项提升头条号辨识度的加V认证功能，只要达到一定条件就会显示可以申请加V的信息。那么，自媒体应该如何操作呢？具体步骤如下。

进入头条号后台的"账号权限"页面，在"功能"选项下，❶单击"加V认证"右侧的"申请"按钮，如图9-5所示；弹出"选择认证信息"对话框，❷选择认证信息；❸单击"提交"按钮，如图9-6所示。

> **专家提醒**
>
> 要注意的是，上述操作完成的是黄V认证，另外还有个人类头条号的金V认证和机构类头条号的蓝V认证。其中，金V认证是一种不可申请、只能由今日头条平台邀请的认证形式，它需要自媒体在运营工作方面更上一个台阶才能实现。

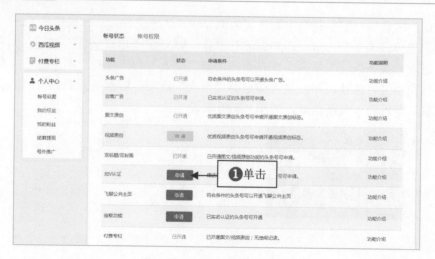

图9-5 单击"申请"按钮

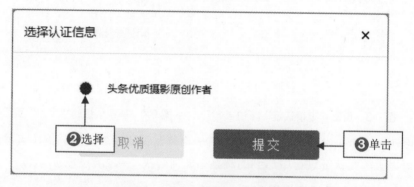

图9-6 "选择认证信息"对话框

090 三大保护原创版权的优势

在互联网和移动互联网时代,有着前所未有的快速传播、信息分享的发展盛况。然而在这一情形下,基于各种原因,侵权、抄袭行为也屡见不鲜,这对维护著作权者的个人合法权益造成了威胁。因此,很多平台都开始重视原创作者的维权问题,并采取相应措施来完成原创维权任务。

在今日头条平台上,单击"原创保护"按钮即可进入"原创维权"页面,通过该页面的相关操作可以保护自身原创作品的版权。关于今日头条平台的原创维权,其升级和优势主要表现在3个方面,具体介绍如下。

1. 全网监测保护原创

在头条号"原创保护"功能推出之前,所有平台精心设计的一系列原创保护措施都是在平台内部进行的，而不是基于互联网和移动互联网这一大环境，因此，只能实现自纠自查、局部维权。

而自从头条号"原创保护"功能推出之后，作者维权的方式和范围发生了巨大变化，具体如下。

(1) 从方式上来看，从自纠自查转变为抄袭发生 6 小时内监测抓取。
(2) 从范围上来看，从局部、个别平台维权转变为跨平台全网维权。

从此，在作者维权方面，对相关的平台和众多原创作者而言，明显更省时省力，而且，它是依靠先进的信息监测技术来完成的，自然使得版权维护在效果上也有了显著提高。

2. 快速删文降低损失

在"全网监测"功能基础上，作者的权益将会怎样维护呢？一般说来，首先就应该让侵权的文章快速消失，以避免在更大范围内传播侵权文章，这在今日头条平台上可以利用"快速删文"功能来实现。

所谓"快速删文"，即头条号与专业第三方维权机构(如中国版权保护中心、维权骑士等)合作，在抄袭文章被抓取后，最快情况下，可在 24 小时内删除抄袭的文章，还原创作者一片晴朗的创作天地。

3. 维权赔付保障权益

今日头条这一内容平台，通过版权维权可为原创作者赢得收益，这是通过其"维权赔付"功能来实现的。

所谓"维权赔付"，即原创文章作者在与平台授权签约的情况下，与今日头条合作的"快版权"这一第三方维权机构会追溯侵权的文章，并与侵权方沟通赔付事宜，在沟通失败的情况下，甚至提起诉讼。在这一过程中，尤其受原创作者关注的是，"侵权赔付"行为是免费的，不需要原创作者负担费用。

那么，在"维权赔付"中，原创作者究竟可获得多少赔付款呢？这可以分两个部分来说明，具体如图 9-7 所示。

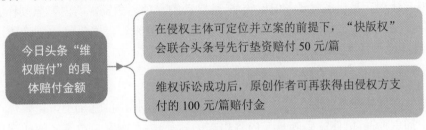

图 9-7　今日头条"维权赔付"的具体赔付金额

091 五大政策加速头条变现

在今日头条平台上，自媒体不仅可以凭借自身的优质内容和推广广告获利，其实，为了促进平台的发展和吸引更多的用户、创作者入驻，平台还进行了多项政策扶持，这为自媒体实现多元化变现提供了途径。

1. "千人万元"扶持头条创作者

头条号"千人万元"计划，其中的"千人"指的是头条号计划将扶持1000个头条号创作者，"万元"指的是这些被扶持的创作者每人每月将至少获得1万元的保底收入。这一计划是头条号在2015年推出的，截至目前，已运营四年多，并将持续发展下去。

在头条号后台主页的"账号权限"页面，选择"功能权限"选项，从上往下数第10个就是"千人万元"功能。在此处，自媒体可以申请"千人万元"计划。当然，只有当满足申请条件后，"申请"按钮变为红色才能申请；如果"申请"按钮是灰色的，那么就表示此时还不能申请。

在"申请"按钮为灰色时，创作者如果对申请的条件不清楚或是不知道自身还有哪些条件没有满足，可以把鼠标指针移至"申请"按钮上，即显示申请"千人万元"计划需满足的条件。其中，显示的信息中红色字部分就是头条号创作者目前没有满足的条件。

专家提醒

要注意的是，个人头条号的"千人万元"计划申请成功后，并不表示可以不承担任何义务就能获得每人每月至少1万元的保底收入。其实，通过申请成为"千人万元"计划的签约作者后，自媒体是需要履行一定的义务并遵守一定规范后才能获得保底收入的。

2. "青云计划"激励原创优质内容

"青云计划"是头条号于2018年6月启动的一项为激励优质内容原创作者而给予一定回报的计划。在这一计划中，从奖励的时间区隔来看，主要包括3个方面的内容(即单日奖励、月度奖励、年度签约)，如图9-8所示。

3. "高佣扶持"产品推广多获利

所谓"高佣扶持"计划，即在头条号"商品"功能推出的基础上，自媒体可在图文内容中插入商品(记住：必须是与内容相关的商品)，当买家与卖家之间成交成功后并确认是通过头条号链接来完成，那么自媒体将获取高比例的佣金。在"高佣扶持"计划中，这个比例可高达63%~80%，是名副其实的"高佣"。

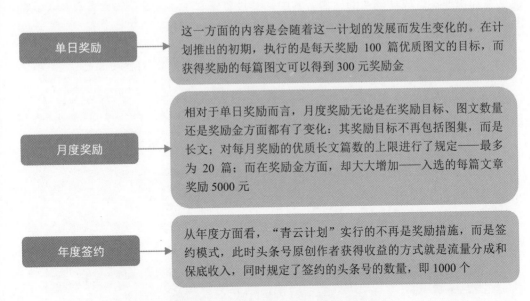

图 9-8 头条号"青云计划"的主要内容

而没有参与"高佣扶持"计划的自媒体,成交成功后所能获得的佣金仅为 45%,相比参与了"高佣扶持"计划的自媒体而言,其中的差距确实很大。

自媒体运营中有一种淘宝客获利形式,其实,自媒体通过"高佣扶持"计划获利也是淘宝客获利的一部分。另外,"高佣扶持"计划因为还处在内测期,所以在有些方面是有一定限制条件的,具体表现在两个方面,即头条号参与方式和内容形式,具体内容如下。

(1) 从头条号参与方式来说,内测期间只能通过平台主动邀请的方式参与,是没有提供报名参与入口的。

(2) 从内容形式方面来说,"高佣扶持"计划并不是对被邀请账号的所有内容有效,目前还仅限于参与"高佣扶持"计划后发布的图文、图集内容。

4."创业孵化"大力支持初创者

今日头条创作空间进行创业孵化,主要包括以下两个方面的内容。

1) 提供多方面的孵化服务

今日头条创作空间为了更好地指导自媒体成功创业,从 4 个方面着手提供细致的孵化服务,具体如图 9-9 所示。

2) 强有力的扶持计划

今日头条创作空间的创业孵化,并不只是说说而已,而是有着强有力的扶持做后盾的。从这一角度来看,它依托今日头条平台,在投资资本和流量扶持方面为自媒体提供更加快速实现成功创业的计划。其中，其投资资本主要来源于一些有合作关系的融资企业。"创业孵化"扶持计划的具体内容如图9-10所示。

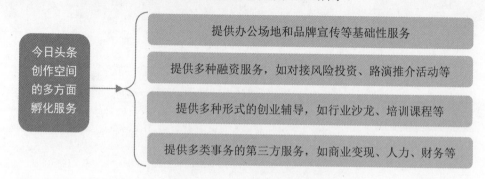

图9-9　今日头条创作空间的多方面孵化服务

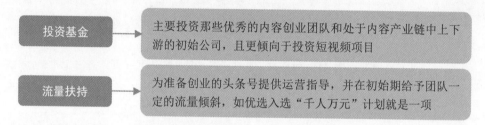

图9-10　"创业孵化"扶持计划的具体内容

5．"国风计划"扶持优秀传统文化

今日头条是适应社会的发展而发展的，且它的用户都是出自社会中的人，因此有必要承担起它的社会责任——促进我国优秀传统文化的发展，基于此，今日头条平台在上述4项扶持政策之后又推出了"国风计划"，以便扶持与优秀传统文化相关的内容生产和传播。图9-11所示为"国风计划"的具体内容和主要目标。

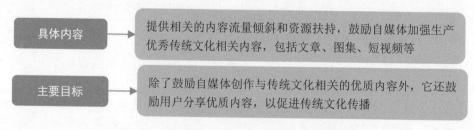

图9-11　"国风计划"的具体内容和主要目标

随着今日头条"国风计划"的推出，其系统内的频道安排也发生了变化——增加了"国风"频道，展示了众多头条号创作的相关内容。自媒体可在登录头条平台后添

加"国风"频道。

092 两大数据把握用户偏好

要想为头条号的运营找到一个正确的方向,做好涨粉、留存和促活工作,那么数据收集是必不可少的。自媒体不仅要学会在后台如何查看各项数据,还要学会如何进行数据统计,以及怎样用图表来更直观地表现和比较数据。下面主要讲解内容和关键词偏好。

1. 把握偏好内容方向

关于头条号用户偏好哪些分类内容,是用户属性的组成内容之一。用户偏好哪些分类内容,更多的是建立在主观上的数据情况,还可以为自媒体提供明确的内容运营方向。

图 9-12 所示为头条号"手机摄影构图大全"用户的偏好分类内容分布,将光标放在图上,可以看到该柱形条所代表的分类内容的具体比例。

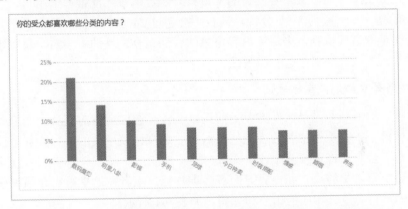

图 9-12 "手机摄影构图大全"头条号的用户偏好分类内容分布

从该柱形图中可以很清楚地看到偏好不同分类内容的用户比例差距和具体占比,有了这些数据,自媒体对内容的可拓展方向就有了大致的把握,那么接下来的运营工作也就会相应成熟起来,做到得心应手。

2. 把握偏好关键词搜索

与偏好哪些分类内容相似,关于用户偏好哪些关键词也是可以为具体的运营工作提供直接指导的。更重要的是,它是针对头条号所推送内容的所属分类而得来的结果,因而可以在内容中更多地合理植入用户偏好的关键词,以便让内容更多地被用户搜索和喜欢,从而促进头条号的发展和壮大。

图 9-13 所示为头条号"手机摄影构图大全"用户的偏好关键词分布,同样地,

将光标放在图上，可以看到该柱形条所代表的关键词的具体比例。

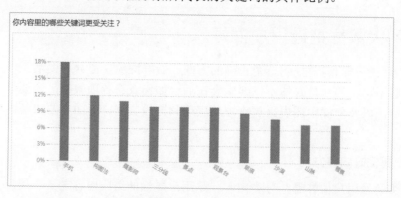

图 9-13 "手机摄影构图大全"头条号的用户偏好关键词分布

093 内容审核规范发文零失败

在今日头条平台上，头条号发布的文章只有经过审核才能推荐给用户，且审核的时间有长有短——一般为 3～5 分钟，最长不会超过 24 小时。而今日头条平台就是利用其比较完善的审核机制，来保证内容信息的合法、合规性的。当然，只有审核顺利过关的文章，才能确保其传达的有效性。

1. 头条号文章规范审核规则

文章审核的顺利通过是实现推荐的前提，而没有通过审核的文章，在修改没有达到标准的情况下，是不予推荐的。当然，对某些违规比较严重的内容，甚至连返回修改的机会都不会有，将直接关闭该篇文章的推荐功能。

头条号文章发文的格式和内容方面有多项规范。笔者在这里重点介绍审核过程中出现违规恶劣内容及其相应的扣分和惩罚，如表 9-1 所示。

表 9-1 头条号文章审核中发现的违规行为、账号扣除分值和惩罚的关系

违规行为	惩罚
发布反动等违法内容	扣 50 分
经举报，文章确认抄袭	扣 40 分
发布色情、低俗等内容	扣 20 分
非规范稿源发布泛时政内容	扣 20 分
发布广告或其他营销推广信息	扣 10 分
标题党	扣 10 分
发布与事实不符的各类信息	扣 10 分

续表

扣除分值	惩 罚
每扣 10 分	禁发文/禁微信和 RSS 接入 1 天
被扣 50 分	关闭头条广告和自营广告权限
被扣 100 分	封禁账号，且不可恢复

除了上述中的惩罚以外，其相关违规行为还有一些与之对应的惩罚，举例如下。

（1）被判定有抄袭行为时，头条号的原创标签和赞赏功能将会被收回，且以后将不会再予申请和开通。

（2）当禁言惩罚在 3 天及 3 天以上期间内持续发生，那么该头条号的文章推荐量也会受到较大影响。

（3）凡是因为抄袭或发布色情、反动内容受到惩罚的头条号，"原创标签"与"千人万元"计划将永久与之无缘。

2．头条号文章不宜反复修改

在自媒体阵营中，大多数平台是不支持文章发布后的内容修改的，而今日头条是其中的特例——在发布后的 14 天内，它允许自媒体进行修改。

熟悉头条号运营的自媒体都知道，头条号文章发布的审核过程是需要一段时间的，因此，自媒体修改推送文章也存在两种不同的情况，即审核通过前修改和审核通过后修改，具体内容如图 9-14 所示。

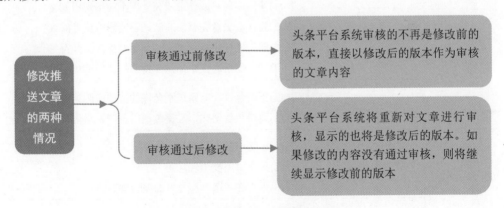

图 9-14 修改推送文章的两种情况介绍

同时，对自媒体来说，系统是不鼓励反复修改推送文章的，且那些修改 3 次及 3 次以上的文章，还有可能不会获得系统的推荐。其原因就在于反复修改存在两个方面的弊端，具体如下。

（1）除了标题外，其他内容的小修小补是不会对文章的推荐量产生大的积极作用的，反而会影响文章的及时发布和推荐量。

(2) 有些人会认为，文章审核通过后再去进行修改，可能系统就不会察觉出其中不符合规范的内容。其实这是大错特错的，因为系统不但会对文章重新进行审核，假如被判定为恶意修改，还会受到平台的严厉惩罚。

因此，自媒体要注意，在发表文章之前最好仔细检查，文章发表之后如果想要修改，也只能进行小修小补，且切忌反复修改。如果要对文章进行比较大的改动，在笔者看来，还不如删除之后重新发布，以免影响文章推荐量和点击量。

3. 头条号文章快速过审规范

前面已经介绍了文章的审核规范，这些都是通过审核必须掌握的。另外，在文章通过审核的过程中，尽管其时间的长短是不影响推荐量的，但只有让审核快速通过才能更好地准确把握发布时间。

因此，自媒体要做的是思考如何才能快速通过审核，针对这一点，头条号后台专门准备了比较完备的"文章过审指南"来指导头条号文章的发布(网址为https://mp.toutiao.com/static/v2/resource/pgc/pgc_white_paper/#article-verify-how)，做法列举如表9-2所示。

表9-2 头条号推送文章快速过审的做法列举

过审方面	内　容	
规范标题	避免格式上的错误	(1)除网络用户或一语双关外，不能出现错别字 (2)要保证表意完整、通顺，不能影响读者阅读 (3)要正确使用标点符号，且不要插入特殊符号 (4)标题中所有汉字都需要使用规范的简体中文
	注意标题内容质量	(1)不要包含一些系统不允许的特殊敏感词语 (2)要避免恶俗化，且避免使用色情、粗俗词语
原创内容	格式方面要规范	(1)正文中汉字必须使用简体中文 (2)正文中不要出现乱码 (3)正文在段落、标点方面要合理、清晰
	内容方面要优质	(1)发布的文字和图片要具有完整性，以免给读者带来阅读困扰 (2)文章内容要具有时效性 (3)正文不要发布低俗内容 (4)正文内容要避开敏感信息

续表

过审方面		内　容
推广信息	推广类信息不发布	一些含有二维码、电话号码、广告图片、广告链接等推广元素的文章不能发布
	恶意推广信息不发布	收藏、健康、手表和其他一些类别的推广类信息不能发布

094　消重与推荐发文就是头条

在今日头条平台上，一般来说，每个头条号都是独立存在的，相互之间是没有多少关联的。在这样的情况下，内容难免在某些方面有些相似。而一般的读者是不会喜欢在同一页面或平台上看到相似内容的。

因此，为了提升用户的阅读体验，今日头条在头条号的内容推广方面，从一开始就利用推荐机制让这种情况变得可控。在今日头条的推荐机制中包含多个方面的内容，如"消重""审核""特征识别""推荐"和"人工干预"等。

下面就从其推荐机制最初的处理过程——"消重"出发来进行介绍，从而让用户更深刻地理解自身推送内容为什么没有推荐量的原因。

1．消重以规避重复推荐内容

在"消重"这一概念范畴中，"重"指的就是重复、相似，当然，这里的重复、相似可以从两个方面来理解，具体如下。

(1) 文章内容方面。指的是文章内容的文字、图片和视频等内容元素存在相同或高度相似的地方，特别是一些有关概念、基础理论知识和地方特色等方面的文章内容，是极有可能存在相似之处的。

(2) 文章主题方面。指的是文章的中心思想存在相同或高度相似的地方，如两个专注摄影领域的头条号，如果它们是关于同一类事物的摄影构图方面的内容，那么就表示其存在主题上的相似之处了。

而头条号的推荐机制中的消重，就是针对这两个方面相似的文章，进行分类和对比之后再考虑是否推荐给用户和推荐给哪些用户。

在这样的消重机制下，无论是文章的内容相似还是文章的主题相同，对于用户来说，他(她)能看到的也只是代表了原创的、最有价值的内容，而不是重复推荐的内容，这对于用户和自媒体来说，都是极为有益的，具体表现在四个方面，如图9-15所示。

```
                          ┌─────────────────────────────────────────────┐
                          │ 对用户来说，相似的、重复的内容最多只能看到推荐的一 │
                          │ 篇，有利于提升用户体验，而且对于他们来说，同样或同类 │
                          │ 的内容一篇也就够了                           │
                          └─────────────────────────────────────────────┘

                          ┌─────────────────────────────────────────────┐
                          │ 对于自媒体来说，在比较合理的推荐机制下，自身的权益有 │
    ┌─────────┐           │ 了保障，不用担心版权问题，这对自媒体形式的内容传播来 │
    │ 推荐机制 │           │ 说是一大进步                                │
    │ 下的"消 ├──────────┤                                             │
    │ 重"处理 │           └─────────────────────────────────────────────┘
    │ 的四大  │
    │ 作用    │           ┌─────────────────────────────────────────────┐
    └─────────┘           │ 在推荐机制的"消重"作用下，有确定兴趣的用户，刷新所 │
                          │ 看到的不再是系统根据平时偏好而推荐的类似内容，这就给 │
                          │ 了更多内容曝光的机会                         │
                          └─────────────────────────────────────────────┘

                          ┌─────────────────────────────────────────────┐
                          │ 对于平台来说，今日头条一直是鼓励原创的，而"消重"的 │
                          │ 处理机制给了原创作者更多的机会，从而更好地弘扬和推广 │
                          │ 了其运营标准                                │
                          └─────────────────────────────────────────────┘
```

图 9-15　推荐机制下的"消重"处理的四大作用介绍

2．头条号机器系统"消重"算法

从上文可以看出，在头条号平台推送内容，首先就要通过"消重"机制的检验，然后才能决定是否能被推荐给更多的用户。而自媒体要做的就是如何才能让自身在"消重"机制下不会泯然其中。其实，有因才有果，要想不被"消重"，就只有深刻了解"消重"机制中的算法。

通过机器"消重"，首先要进行处理的就是把文章内容的文字、图片、标题等用一串串的数字代码代替，然后将这些数字代码进行对比，以此建立"消重"处理的基础。

那么，在机器系统"消重"中，主要可以根据哪些方面来实现呢？具体说来，主要表现在 3 个方面，如图 9-16 所示。

针对以上机器"消重"算法，自媒体要做的是采用相应的方法尽量避免被"消重"，具体方案如下。

(1) 针对文章内容"消重"，自媒体应该尽量展开优质内容的原创工作。

(2) 针对标题与封面"消重"，自媒体最好是避开标题套路，写出有创意的标题。

(3) 针对文章主题方面，自媒体不应一味追逐热点事件和话题，而应谨慎操作。

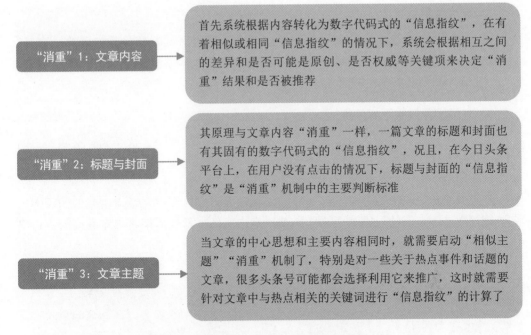

图 9-16 机器系统"消重"的算法和类别介绍

3. 文章获得系统推荐的规则

今日头条的文章推荐并不是一蹴而就的,而是分批次推荐的,这样就更利于引导推荐和减少不受欢迎内容的推荐资源占用。那么,什么是分批次推荐呢?它可从 6 个方面来进行理解,具体如下。

(1) 分批次推荐包括两个层次,一是某一时效期内的多次推荐,二是不同时效期(24 小时、72 小时和 1 周)的推荐。

(2) 首次推荐的用户,是那些用户阅读标签与文章标签匹配度最高的用户,他们被认为是最有可能对该篇文章感兴趣的用户。

(3) 首次推荐的用户阅读数据(特别是点击率)决定着第一次的推荐量,即首次点击率高,表示这篇文章是适合这些用户的,系统就会增加第二次的推荐量;首次点击量低,表示这篇文章并不太适合这些用户,系统就会减少第二次的推荐量。

(4) 推荐系统中判断推荐量的阅读数据包括多种,主要是点击率、收藏数、评论数、转发数、读完率和页面停留时间等。

(5) 在一个时效期内,文章上一次的推荐量决定着其下一次的推荐量。

(6) 在 3 个不同的时效期内,其推荐量是不断减少的,直至停止推荐。

专家提醒

今日头条的分批次推荐，其实质是一种扩大机制的推荐，因此，自媒体如果想要获得更多的阅读量，就应该让各项阅读数据都保持在高位水平上，这也就要求所推送的文章是优质的。

4. 文章推荐效果不好的原因

在头条号运营过程中，总会遇到文章推荐效果不好的情况，这是为什么呢？上面已经清楚地介绍了影响推荐量的依据主要是上一次的点击率——如果点击率低，推荐量也就会相应变低，其推荐效果自然不好。

因此，要想了解推荐效果不好的原因，就需要自媒体懂得文章点击率低的原因，特别是首次点击率低的原因，因为假如首次点击率低，那么后期将很难有高的点击率和推荐量。

一般来说，影响点击率的原因主要有两个，具体内容如图 9-17 所示。

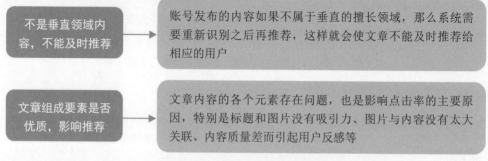

图 9-17　影响文章点击率的原因

当然，影响推荐量的原因除点击率外，还包括其他多个方面的原因，具体内容如图 9-18 所示。

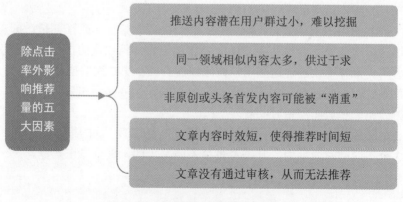

图 9-18　除点击率外影响推荐量的五大原因

095 美图作封面吸引关注

无论是在移动端还是 PC 端,一个头条号的主页所显示的各篇图文内容的信息是有限的,其中比较醒目的就是标题和封面了。封面对于一篇文案来说十分重要,决定了读者看到文案的第一印象。可以用美图作封面能吸引用户的关注,从而提升文案的阅读量。关于头条号内容的标题,将在后文中进行具体介绍,在此将围绕封面来介绍选择封面的具体操作,步骤如下。

步骤01 进入头条号"发表文章"页面,在图文编辑区域下方的"封面"一栏,如图 9-19 所示,勾选"三图"选项;单击第一张封面图的浅灰色可编辑区域的任意位置。

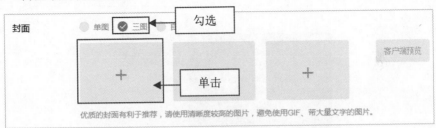

图 9-19 选择封面形式并开始设置第一张封面图片

步骤02 执行操作后,弹出"正文图片"对话框,如图 9-20 所示,在其中选择一张图片作为封面;单击"确认"按钮。

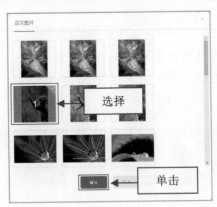

图 9-20 "正文图片"对话框

步骤03 执行操作后,返回"发表文章"页面,在该页面显示已经设置好的第一张封面图片。可以看到,该图显示效果明显不理想,此时就需要对图片进行裁剪,如图 9-21 所示。单击第一张封面区域右下角的"裁剪图片"按钮

[b]，弹出"裁剪图片"对话框，选择裁剪区域，在页面右上角显示裁剪图片后的效果，单击"确认"按钮，即可完成封面图片的裁剪操作，如图 9-22 所示。

图 9-21　选择第一张封面后的效果

图 9-22　"裁剪图片"对话框

步骤 04　按照上述方法进行选择和裁剪，设置第二张、第三张封面图片，最终效果如图 9-23 所示。

图 9-23　封面最终效果

专家提醒

在图 9-23 中，单击设置好的封面右侧的"客户端预览"按钮即可预览设置好的封面效果，如图 9-24 所示。如果设置的是"三图"形式的封面，最好进入客户端进行预览，因为在 PC 端显示的是单图效果，而不是三图效果。另外，基于这一点，第一张封面的选择很重要，因此要格外加以注意。

图 9-24 封面的"客户端预览"效果

096 双标题对比加速成长

当自媒体设置完"原创声明"后，会发现在"封面"一栏的下方出现"双标题/双封面"一栏，如图 9-25 所示。

图 9-25 "双标题/双封面"设置页面

图 9-25 中，只要不取消选中"额外配置'标题+封面'的组合"，在设置好这一栏后，系统就会以一组标题和封面额外发表一篇文章，这篇文章是不占用自媒体每天发文篇数的。至于其操作方面，该处封面与"封面"一栏操作步骤相同，而标题的设置只要在封面上方的标题文本框中输入即可。

图 9-26 所示为设置"双标题/双封面"的有着两组标题和封面的文章在内容管理页面的显示结果。

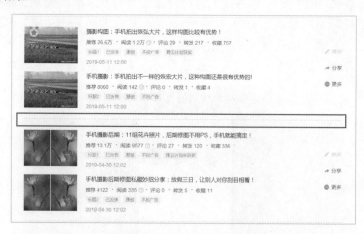

图 9-26　设置了"双标题/双封面"的内容管理页面的显示结果

从图 9-26 中可以看出,设置了"双标题/双封面"的一篇文章的两组标题和封面会相邻显示,与其他不同内容的文章以一条细横线隔开来。另外,关于设置"双标题/双封面"的文章,还有两点需要大家注意。

(1) 同一篇文章的两组标题和封面,其标题一定是不同的,而封面可以相同也可以不同。

(2) 这两组标题和封面是有主次之分的,通过"双标题/双封面"栏设置的明显为次,显示在下方,而不是说上图中显示了"双标题"字样 的是通过"双标题/双封面"设置的。另外,通过"双标题/双封面"设置标题和封面的文章是不能进行置顶设置的。

专家提醒

通过自媒体的运营实战得出,设置了"双标题/双封面"的文章,其推荐量也可以说是两个数的叠加,这样运营结果明显会更好。

当自媒体在两个标题中难以取舍、不知选哪个推荐量才能更高时,就可采用这一方法。在这样的情况下,当运营经验积累多了,对好标题的判断也会眼光越来越精准。

当然,如果自媒体对两个标题都没有信心,也没有关系,上面已经说过,其推荐量是两个数的叠加,那么其运营效果也会明显比只有一组标题和封面的文章更好,甚至无须反复修改标题来提高推荐量。

097 头条号独家首发最重要

今日头条平台很注重首发、独家和原创的作品。"首发独家"的原创内容比"首发并不独家"的原创内容更容易被推荐,且推荐量更高。

自媒体如果写不出纯原创的文章,也不要过度抄袭他人的文章;否则是影响审核和推荐的。此外,自媒体在头条号发的文章最好不要是已经在其他平台上发过的旧文,以防他人转发导致机器检测到全网出现过多相似的文章,不能通过审核,如图 9-27 所示。

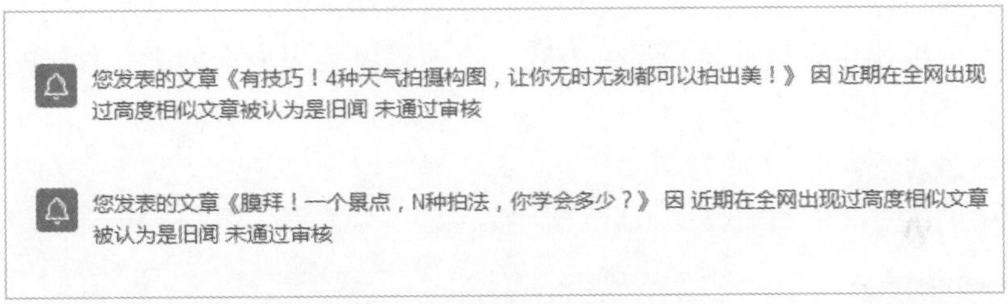

> 您发表的文章《有技巧!4种天气拍摄构图,让你无时无刻都可以拍出美!》因近期在全网出现过高度相似文章被认为是旧闻 未通过审核
>
> 您发表的文章《膜拜!一个景点,N种拍法,你学会多少?》因近期在全网出现过高度相似文章被认为是旧闻 未通过审核

图 9-27 审核不通过的相关通知

098 头条号文章内容编辑要点

在今日头条平台上,很多自媒体都会碰到一个棘手的问题,那就是头条号的内容。究竟什么样的内容比较容易吸引用户呢?当然是那些在把握了用户心理的情况之后写出来的内容更加吸引人。此外,运营者还应该通过内容积极建立起用户对头条号的黏性。在此笔者就介绍头条号文章内容编辑的几个要点。

1. 三大内容要求写出用户喜欢的文章

今日头条号的正文想要吸引用户的眼球,就需要有一定的内容要点,如何让一篇文章从众多的推送内容中脱颖而出?站在用户的立场,对方第一要关注的就是自媒体推送的消息和自己切身利益是否相关。接下来,笔者将从以下几个方面阐述抓住用户眼球的内容要求。

1) 具有实用价值

从实用性的角度提供价值是指自媒体为用户提供对他们日常生活有帮助的内容。例如,途牛旅游网为用户推出的机票、火车票、汽车票、酒店预订等功能服务,就是一些非常实用的服务功能。

2) 具有趣味性

用户都是喜欢有趣的信息的,自媒体如果能做到这点,对宣传效果是很有益处的。而对于自媒体而言,将内容娱乐化是抓住用户百试不爽的方法,具体做法就是将内容转化为用户喜欢的带有趣味性的形式,让用户在感受趣味性内容的同时,接受自媒体的宣传信息。

3) 具有震撼性

自媒体在编写内容时做到意外性和稀缺性,能够提升内容的震撼性,什么是意外性和稀缺性?就是内容让人感到意外,同时题材也十分稀缺的内容。对于越少见的内容,用户越是感兴趣,它的传播价值也就越大,所谓的独家新闻也就是这个道理。

2. 对优质内容做提前预告提升期待值

对于好的内容,自媒体一定要提前对内容进行预告,就像每部电影前的宣传手段一样,通过提前预告的方式让用户对内容有一定的期待性,而且自媒体的提前预告无须成本,是一种非常有效的推广运营方式。下面笔者为大家介绍提前预告的几个注意事项,如图9-28所示。

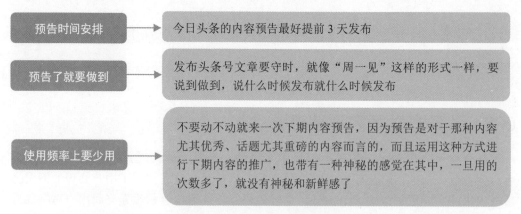

图9-28 提前预告的注意事项

3. 排版布局舒适给读者最佳阅读体验

如果说文章中的内容是让作者与读者之间产生思想上的碰撞或共鸣的武器,那么作者对文章的格式布局与排版就是给读者提供一种视觉上的享受。文章的排版对一篇文章有很重要的作用,它决定了读者是否能够舒适地看完整篇文章,这种重要程度对自媒体平台上这种以电子文档形式传播的文章来说更甚。

因此,自媒体在给读者提供好内容的同时也要注意文章内容的排版,从而让读者拥有一种精神与视觉的双重体验。图9-29所示为今日头条号文章排版中应该注意的问题。

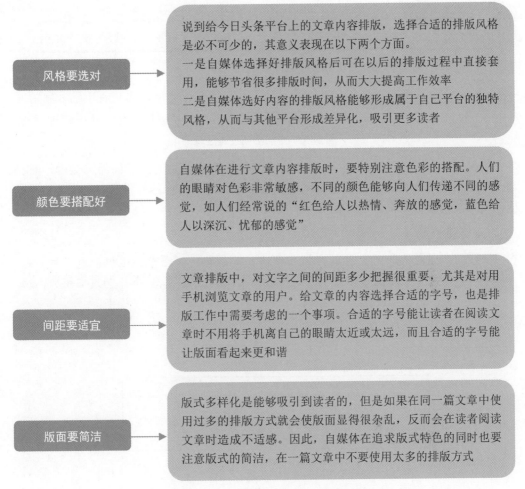

图 9-29　今日头条号文章排版中应注意的问题

099　参与平台活动一举两得

自媒体在编辑和发表图文内容时会发现，在"发表文章"页面的下方，有一个参与活动设置区域，如图 9-30 所示。

自媒体单击活动名称，就可进入相应页面了解活动内容，然后再决定是否参与活动或参与哪一个活动。例如，一个健康领域的头条号，那么它就可以选择名为"真相来了"的活动。只要你创作的内容足够优质，那么该内容就可以获取很多优先资格，如优先入选"青云计划"奖励榜单和年度签约机会，优先获得官方头条号转发。从中可知，参与这一活动的优质内容可获得更多曝光机会，同时还能提高自媒体的知名度和获得实实在在的利益(如"青云计划"奖金)。

图 9-30 参与活动设置区域

当然,自媒体参与其他活动,也是可以获得相应奖励的,然而无论是哪一种活动,对于自媒体而言,都是一个有助于内容推送和推广自己的好机会,自媒体应该积极创造相关内容参与活动。

专家提醒

其实不仅图文内容有相应活动可供参与,头条号推送视频内容时,也是有很多活动能够让头条号既扬名又获利的。图 9-31 所示为发布视频内容时显示的各项活动。

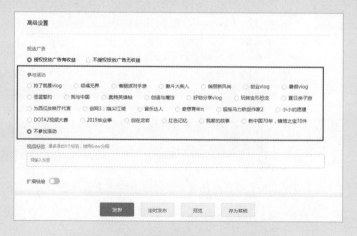

图 9-31 发布视频时的参与活动设置区域

第 10 章

短视频：助力突围，打造抖音热门

学前提示 短视频作为一种受用户喜爱的内容形式，是致力于在自媒体领域取得成就的自媒体必须了解的一种渠道。在此，笔者以抖音为例，对短视频进行具体介绍，包括短视频的优势、玩法等，帮助自媒体全面、深入地了解短视频及其运营方法。

要点展示

- ▶ 短视频的七大优势
- ▶ 五个原则打造视频效果
- ▶ 十个技巧拍摄优质视频
- ▶ 五大要求制造热门视频
- ▶ 十大热门内容帮助策划
- ▶ 五种内容形式助力营销
- ▶ 视频发布的五个优化技巧
- ▶ 适合短视频营销的五大行业
- ▶ 提高营销效果的七种玩法

100　短视频的七大优势

短视频作为现在大热的一种内容形式,有哪些得天独厚的优势呢?作为影音结合体,它又具备了哪些不可多得的魅力呢?下面将介绍短视频的七大优势。

1. 互动性强且多样化

短视频很好地吸取了网络媒体的特点——互动性很强。几乎所有的短视频都可以进行单向、双向甚至多向的互动交流。对于自媒体而言,短视频的这种优势能够帮助自媒体获得用户的反馈,从而更有针对性地对自身进行改进;对于用户而言,他们可以通过与自媒体发布的短视频进行互动,从而对企业的品牌进行传播,或者表达自己的意见和建议。这种互动性不但使得短视频能够快速传播,而且能使得自媒体运营的效果实现有效提升。

2. 传播速度快、范围广

短视频营销拥有传播速度快、难以复制的优势,因为短视频本身就属于网络营销,因此能够迅速地在网络上传播开来,再加上其时间短,适合现在快节奏的生活,因此,更能赢得广大用户的青睐。

此外,用户在与短视频进行互动的过程中,不仅可以点赞、评论,还可以转发。一条饱含精彩内容的短视频,如果能够引发广大用户的兴趣并积极转发,就很有可能达到病毒式传播的效果。除了短视频平台自身的转发和传播外,还积极与诸如新浪微博这样的社交平台达成合作,进而吸引更多的流量,推动短视频的传播。并且,很多短视频都可以加水印和原创者的联系方式,比较难以复制,这样就确保了信息的独家性。

3. 降低广告营销成本

与传统的广告营销少则几百万、多则几千万的资金投入相比,短视频营销的成本算是比较低的,这也是短视频的优势之一。成本低主要表现在三大方面,即制作成本、传播成本以及维护成本。在制作短视频时,需要具备几个重要因素,才能打造出质量上乘,能够吸引住受众眼球的作品,具体条件如图10-1所示。

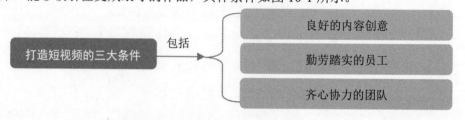

图10-1　打造短视频的三大条件

短视频是否能够迅速地传播，并不耗费太大的成本，关键就在于如何打造短视频的内容，内容有没有真正击中受众的痛点和需求点。比如 papi 酱的自创简单小视频，初期都是依赖于她一个人的自导自演，就轻而易举地引得无数网友的转发和评论。

4．推广营销效果显著

短视频是一种时长较短的图文影音结合体，因此短视频营销能够带给用户图文、音频所不能提供的感官冲击，这是一种更为立体、直观的感受。因此，短视频只要符合相关的标准，就可以赢得用户的青睐，使其产生购买产品的欲望。

它的高效性就体现在用户可以边看短视频，边对产品进行购买，这是传统的电视广告所不能拥有的优势，因为一般用户在观看电视广告之后，不能实现快捷购物。大多数都是通过电话购买、实体店购买以及网上购买等方式来满足购物欲望。购物冲动在这个过程中有可能减淡、消磨，最终放弃购买。

而短视频就可以将产品的购买链接放置在展示产品画面的四周，或者是短视频播放的窗口周围，这样就可以实现"一键购买"了。短视频营销的效果好其实就是得益于"边看边买"，虽然图片文字也可以传递信息，但不如短视频来得直接和富有画面感，更加容易激发用户的购买欲望。

5．快速找到目标用户

与其他类型的推广方式相比较，短视频还具有指向性强这一优势。因为它可以准确地找到企业的目标消费者，从而达到精准营销的目的。那么短视频是如何在茫茫人海中找到产品的受众群体的呢？为什么会有人在短视频软件上聚集起来，甚至形成社区或者群组呢？

一方面，短视频平台通常都会设置搜索框，对搜索引擎进行优化。受众一般会在网站进行关键词的搜索，漫无目的闲逛的概率不大。因此，这一行为使得短视频营销更加精准。另一方面，在短视频平台上发起活动比赛，聚集用户，能快速找到大量志同道合的目标用户。

6．推广效果数据可视化

短视频推广由于具有网络推广的特点，因此可以对视频的传播和推广效果进行分析和衡量。因为一般的短视频推广语言都是由数据构成的，内容如图 10-2 所示。

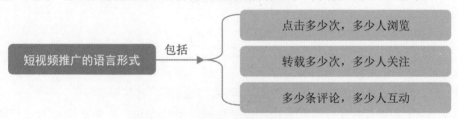

图 10-2　短视频推广的语言形式

这些语言形式其实也是有目共睹的，不管是社交平台上的短视频，还是垂直内容的短视频，都会展示出播放量、评论量等。

既然短视频推广可以自测效果，那么具体应该怎么做呢？笔者将其大致流程总结为以下 3 点。

(1) 分析衡量短视频推广的具体效果。

(2) 筛选可以促进销售增长的短视频。

(3) 给市场推广方案提供正确的指导。

7．不停播生命周期长

利用短视频进行推广有一个好处就是它的"存活"时间比较久，这么说可能有点抽象，做个比较，像电视广告如果想要持续向大众展现产品，就需要一直投入资金。一旦企业停止支付费用，就会遭到停播。

而短视频推广，一时之间不会因为费用的问题而停止传播，因此"存活"的时间久。这和短视频打造的较低成本是分不开的，比如快手、美拍、抖音上的短视频，大多都是用户自己制作并上传的，所以与费用的关系不大。

另外，大部分视频网站应用的搜索权重比较高，发布的短视频会快速被搜索引擎收录起来，短视频的排名会比图文内容好很多、快很多。

101　五个原则打造视频效果

抖音 App 已经在不知不觉中影响了很多年轻人的生活，越来越多的用户开始离不开抖音，也有越来越多的人喜欢上了拍抖音。下面将介绍抖音短视频的五个拍摄原则，帮助用户拍出好的视频效果。

1．开拍前确定好内容风格

一般来说，在短视频拍摄之前需要做好整体构思，确定好抖音短视频的主体内容风格。例如，颜值高的用户，可以选择"刷脸""卖萌"或者"扮酷"，来展现自己的优势；拥有一技之长的用户，则可以充分利用抖音 15 秒短视频来展示自己的才华；擅长幽默搞笑的用户，则可以创作一些"戏精类"的内容，展示你的搞怪表演天赋。总之，不管是哪种风格，找到最适合自己的风格即可。

2．拍摄保证视频画面平稳

在拍摄抖音短视频特别是快速的镜头运用时，如果画面不平稳，用户看起来会很吃力。为了让短视频中的画面显示更为平稳，用户在拍摄时最好将手臂伸直，想象你的手臂就是一个机械臂，保持平稳地运镜，让画面更加流畅。

抖音运镜的主要技巧就是用手控制手机，手往哪边，手机就要往哪边移动。建议大家先从最基础的运镜开始学，用户可以在抖音上搜索"运镜教程"，根据热门视频试着练习一番，如图 10-3 所示。

图 10-3　学习热门视频的运镜技巧

3．动作配合音乐节奏卡点

短视频中的配乐以电音、舞曲为主，视频分为两派，即舞蹈派、创意派，共同的特点是都很有节奏感。在早期短视频刚刚进入人们视野的时候，常见玩法有两种：一是录制唱歌视频；二是随着节奏感极强的音乐表演舞蹈，如各种街舞和手指舞等，还有各种萌宠随着音乐摆出有节奏、有趣的、搞笑的动作，造就了大批短视频红人。

如果是提前拍摄的视频，后期再配音，把握不好节点怎么办？很多用户有这样的烦恼，因为有一些背景音乐是存在转折点的，如果自己的动作或场景切换等和这些音乐节点合不上怎么办？方法是拍摄时间长一点的视频，尽量使节点位置在中间，这样视频前面和后面的内容可以剪掉一些，保证节点不消失。

例如，抖音短视频主打的是让用户伴着选好的音乐录制视频，因此音乐中的节奏在视频中也占有一定的地位。用户可以用动作卡节拍，也可以用转场卡节拍。节拍卡得好，视频也能获得很好的效果。因此，节奏的把握非常重要，用户可以多观察一些热门视频，借鉴他们的经验提高自己作品的质量。下面介绍两个卡视频节奏的技巧。

（1）尽量把动作放在音乐节奏的重音上面。
（2）要挑选和视频内容相符的音乐。

例如，如果音乐中有敲门的声音，用户也需要做出敲门的动作；如果有翻书的声音，用户也跟着做翻书的动作。当然，声音和动作不一定要配合一致，也就是说有翻书的声音不一定非要做翻书的动作，也可以是和翻书同频率地抖肩。这部分的关键还是配合着音乐，卡好你的动作。

4．转场时参照物保持不变

短视频可以分段拍摄，其中段落与段落、场景与场景之间的过渡或转换，就叫作转场。在短视频中经常看到很多"变装"和化妆之类的视频，都需要用到转场技巧。短视频中最常用的转场方法就是用手或其他顺手的东西去遮挡镜头，再挪开，非常简单易学，适合新手拍摄短视频内容的转场。

在视频转场时，除了你要变换的东西以外，其他参照物尽量保持不变。如果参照物是人，那么这个人的表情、动作和拍摄角度，在画面中占的比例都要尽量不变。如果用户想做出"秒换服装"的效果，就必须做到除了服装款式以外，屏幕内的其他元素都不变，包括本人的动作表情之类的元素。同样地，如果用户想换一个背景，就以上一个场景的最后一个动作作为下一个场景的开始动作，来继续拍摄。例如，用户在上一个场景结束时，伸出右手手掌，从右往左平移到中间挡住摄像头，然后视频暂停；那么，用户在拍摄下一个场景时，就要从右手手掌在中间挡住摄像头的这个画面开始继续拍摄。

上面这几种方法都是比较基础和简单的，用户可以结合拍摄短视频的运镜达人的视频多模仿和练习。同时，用户还可以更换例子里面的元素，利用好分段拍摄的功能，发散思维，做出更多酷炫的效果。

5．善于运用小道具和后期

一段普通的视频很容易被淹没，若想获得更多的关注，一定要提高视频质量和品位，这就需要更复杂的后期玩法了。除了前期的拍摄外，视频的呈现效果还取决于善于运用道具、滤镜和后期，所以短视频的成功也是来之不易的。

例如，抖音短视频，一进入拍摄界面，点击左下角的"道具"按钮，展开"道具"菜单，用户就可以根据视频内容或者自己的喜好，选择相应的道具类型，除了场景道具外，还有很多手控和声控道具，用户可以根据屏幕提示做相应的操作。

拍摄好视频后，点击"特效"按钮，进入"滤镜特效"界面，按住相应的特效按钮，视频会自动开始播放，松开后会在这段视频上添加该特效，用户可以重复执行该操作，继续添加其他滤镜特效。

道具和滤镜的正确配合，可以对视频起到很好的点缀和优化作用。另外，每种特效里面也有很多种选择，用好这些后期特效也能带来意想不到的效果，而且还可以利用道具和特效来掩盖拍摄中的瑕疵。总之，开动脑筋，先构思好剧本，再用前面介绍的技巧玩出花样，相信你很快就能做出自己意想不到的短视频作品。

102　十个技巧拍摄优质视频

拍好短视频的要点之一就是保证视频的质量，高大上的视频更能获得用户的关注。自媒体可以通过视频拍摄的快慢、视频编辑和特效等技术让作品更具创造性。下面以抖音为例，介绍十个拍摄短视频的技巧，帮助用户方便、快捷地制作出更加优质的短视频。

1．远程控制随时暂停

在拍摄时，如果手机摆放位置比较远，此时用户可以利用"倒计时"功能来远程控制暂停录制。在拍摄界面点击"倒计时"按钮，如只要拍摄 10 秒就暂停，将暂停拉杆拖到 10 秒的位置处即可。然后点击"开始拍摄"按钮，当拍摄到第 10 秒时就会自动暂停。

2．调整适合快慢速度

用户在使用抖音拍摄过程中，不仅可以选择滤镜和美颜等，还可以自主调节拍摄速度。其中，快慢速度调整和分段拍摄是抖音最大的特点，利用好这两个功能就能拍出很多酷炫的短视频效果。

快慢速度调整就是调整音乐和视频的匹配。如果选择"快"或者"极快"，拍摄时音乐就会放慢，相应的视频成品中的画面就会加快；反之，如果选择"慢"或者"极慢"，拍摄时的音乐就会加快，成品中的画面就会放慢。快慢速度调整功能有助于自媒体找准节奏，一方面，可以根据自己的节奏进行对应的舞蹈和剪辑创作，会使拍摄过程更舒服；另一方面，不同的拍摄节奏，也会大大降低内容的同质化，即使是相似的内容，不同的节奏所展现出的效果也是截然不同的。

如果放慢了音乐，你能更清楚地听出音乐的重音，也就更容易卡到节拍。这就降低了用户使用的门槛，让一些没有经过专业训练的人也能轻松卡住节拍。

3．分段拍摄创意视频

抖音可以分段拍摄短视频，也就是你可以拍一段视频暂停之后再拍下一段，最后拼在一起形成一个完整的视频。只要两个场景的过渡转场做得足够好，最后视频的效果就会很酷炫。

4．参与合拍增加流量

"合拍"是抖音 App 的一种有趣的新玩法，如"黑脸吃西瓜合拍""瞪猫的合拍""西瓜妹合拍"以及"记者拍摄合拍"等，出现了不少的爆款作品。找到想要合拍的视频，点击分享按钮，在弹出"分享到"菜单中，点击"合拍"按钮。然后用户可以添加道具、设置速度和美化效果等，点击"拍摄"按钮即可开始合拍。

5．保证画面对焦清晰

手抖是很多视频拍摄者的致命伤，在拍摄视频时，千万注意手不能抖，要时刻保持正确的对焦，这样才能拍摄出清晰的视频。为了防止抖动，用户可以将手机放在支架上或者找个东西立起来，必要时可以使用自拍杆。

6．调整光线增强美感

拍摄短视频时光线十分重要，好的光线布局可以有效提高画面质量。尤其在拍摄人像时要多用柔光，会增强画面美感，要避免明显的暗影和曝光。如果光线不清晰，可以手动打光，灯光打在人物的脸上或用反光板调节。同时，用户还可以用光线进行艺术创作，比如用逆光营造出缥缈、神秘的艺术氛围。

在光线不好的地方，尤其是晚上较昏暗，拍照时经常会遇到这样的情况，用带滤镜的App拍照，画面非常模糊，此时可以开启闪光灯功能拍摄。

7．控制好曝光与聚焦

注意，并不是所有的智能手机都具备曝光和聚焦功能，但如果你的手机有，就一定要学会设置。尤其是对智能手机来说，AE(Automatic Exposure，自动曝光控制装置)锁定很重要，这会减少曝光，尤其是在进行围绕拍摄时，更要注意锁定AE。

至于手动控制对焦，在由远及近地靠近人物拍摄时，这个功能非常实用。不同的手机设置焦距的方法也不同，具体设置可以根据机型上网搜索。

8．设置好视频分辨率

在使用其他相机应用拍摄视频时，一定要选对文件格式，将分辨率调到最高水平。同时，注意将"录像码率"设置为"高"，可以得到更好的视频画质。"码率"就是视频的取样率，单位时间内取样率越大，精度就越高，拍摄出来的视频文件就越接近原始文件。

9．利用网格合理构图

并不是只有专业摄影师才能拍摄出精彩的视频效果，其实普通用户也可以做到。事实上，那些给我们留下深刻印象的照片或视频，往往是利用专门将观众眼球聚焦到某一场景的特殊构图方法。这里要推荐给大家的是三分构图法，这一概念引述到智能手机上就是网格功能。如果你的手机上也有这个功能，那一定要记得在拍视频或拍照前先将其启用。

10．创意方式切换场景

用户在拍视频前，应先想想自己的主题，然后想想在此主题下可以在哪些场景拍摄。即使是同一个场景，用户也可以不失时机地换个背景，还可以从远处将镜头拉近，或者可以从近处将镜头拉远，甚至可以斜着拍，来避免视频过于单调，让视频画面更加生动。当然，你也可以选择在同一个场景内加入或更换一些道具，这些小细节往往会带来意想不到的效果。

103 五大要求制造热门视频

关于短视上热门的要求，这是自媒体必须知道的基本原则，也是必须十分重视的问题，因为提高视频的曝光量是成功的基本。下面以抖音为例进行具体介绍。

1. 内容为个人原创

抖音上热门的第一个要求就是：视频必须为个人原创。很多人开始做抖音原创之后，不知道拍摄什么内容，其实内容的选择没那么难，可以从以下几方面入手。

(1) 可以记录你生活中的趣事。
(2) 可以学习热门的舞蹈、手势舞等。
(3) 配表情系列，利用丰富的表情和肢体语言。
(4) 旅行记录，将你所看到的美景通过视频展现出来。

另外，我们也可以换位思考下，如果我是用户，希望看什么内容？即使不换位思考，也可以回顾一下，我们在看抖音时爱看什么内容？搞笑的肯定是爱看的，如果一个人拍的内容特别有意思，用户绝对会点赞和转发，还有情感的、励志的、"鸡汤"的等，如果内容能够引起用户的共鸣，那用户也会愿意关注。

上面的这些内容属于广泛关注的，还有细分的。例如，某个用户正好需要买车，那么关于鉴别车辆好坏的视频就会成为他关注的内容；再例如，某人比较胖，想减肥，那么减肥类的他也会特别关注。所以，这就是我们关注的内容，同样也是自媒体应该把握的原创方向。看自己选择什么领域，那就做这个领域人群关注的内容。

2. 视频内容要完整

在创作短视频时，虽然只有 15 秒，也一定要保证视频时长和内容完整度，视频短于 7 秒是很难被推荐的。保证视频时长才能保证视频的基本可看性，内容演绎完整才有机会上推荐。如果你的内容卡在一半就结束了，用户看到是会难受的。

3. 画面无多余水印

抖音中的热门视频不能带有其他 App 水印，而且使用不属于抖音的贴纸和特效，这样的视频可以发布，但不会被平台推荐。

4. 制作高质量内容

即使是抖音这样追求颜值和拍摄质量的平台，内容也永远是最重要的，因为只有吸引人的内容，才能让人有观看、点赞和评论的欲望。想要上热门，肯定是要有好的作品质量，视频清晰度要高。抖音视频吸引用户是个漫长的过程，所以用户要循序渐进地做出一些高质量的视频，学会维持和用户的亲密度。多学习一些比较火的视频拍摄手法及选材，相信通过个人的努力，你也能拍摄出火爆的抖音视频。

5．主动参与平台活动

对于平台推出的活动一定要积极主动参与，参与那些刚刚推出的活动后，只要你的作品质量过得去，都会获得不错的推荐，运气好就能上热门。抖音 App 内已经引入了"抖音小助手"，用来引导教学。所以，用户在发布视频时，也可以积极@抖音小助手来增加被推荐的机会。

104　十大热门内容帮助策划

自媒体对于那些爆款产品一定要时刻保持敏锐的嗅觉，及时地去研究、分析、总结他们背后成功的原因。多积累成功的经验，站在"巨人的肩膀"上，你才能看得更高、更远，才更容易超越他们。下面笔者以抖音为例总结了十大热门内容类型，提供给大家作为参考。

1．出镜者高颜值

为什么把出镜者高颜值摆在第一位，原因很简单，就是以抖音的用户排行作为依据，这也是最有力的依据了。根据西瓜指数 2019 年 3 月 20 日的数据显示，抖音粉丝排行第一、二名都是颜值超高的明星，并且他们的粉丝数量都超过了 5000 万，获得的点赞数都在 1 亿 3000 万左右。这些数据说明粉丝的黏性非常高，非常活跃。

由此可见，在抖音平台上，美是第一生产力，爱美之心，人皆有之，"颜值"就是抖音最好的推广利器。

2．幽默搞笑段子

在抖音等短视频平台上，用户可自行拍摄各类原创幽默搞笑段子，让广大网友从平民百姓变身搞笑达人，同时也可以轻松获得大量用户关注。抖音上的搞笑段子内容大部分都来源于生活，与普通老百姓的生活息息相关，让人们很有亲切感，感觉就是自己周围发生的事。另外，这些搞笑段子短视频的内容涵盖面非常广，各种酸甜苦辣应有尽有，不容易让观众产生审美疲劳，这也是很多人喜欢搞笑段子的原因。

例如，在抖音粉丝排行前十的"陈翔六点半"，就是一个专门生产各种搞笑段子的短视频大 IP，主要内容是以"解压、放松、快乐"为主题的小情节短剧，嵌入了许多喜剧色彩元素。

3．表演才艺高超

才艺可不仅仅是唱歌跳舞，只要是自己会的，而很多人不会的技能，都可以叫作才艺，如美妆、乐器演奏、脱口秀、书法、绘画、驯兽、手工、射击、魔术以及即兴表演等。秀出自己的独特才艺，秀出与众不同的想法，都是快速上热门推荐的方法。

例如，拥有高超厨艺的"麻辣德子"，"麻辣德子"是 2019 年的新晋抖音"网红"，凭借"硬核"烹饪的高超厨艺，创下了连续两个星期涨粉破 300 万的记录，被誉为"全网最有礼貌的厨师"，成为抖音平台中粉丝增长速度最快的美食领域达人。

4．恶搞与模仿类

据企鹅调研平台 2018 年"抖音/快手用户研究数据报告"显示，在这两个平台上最受用户欢迎的短视频类型都是"搞笑/恶搞"类，其中抖音平台上的比例高达 82.3%(多选)，快手平台上的比例也达到 69.6%(多选)。后现代社会的一条重要精神就是解构，对经典进行模仿、恶搞、解构和重新解读，这也是"搞"字的内在含义。

同时，抖音和快手等短视频平台上，各种恶搞、模仿经典类的视频也非常活跃。所以，用户要想做出爆款的内容，也可以想想去恶搞一些经典的内容，运用逆向思维来制造一些反差，创造一些新意。

例如，"老王欧巴"主要凭借一支风靡抖音平台的"爱情恰恰"舞蹈而走红，53 岁的老王和 21 岁的儿子在镜头面前默契地完成了这支 15 秒的舞蹈短视频。视频中"老王""拙劣"的舞技和茫然的眼神，让他看起来和儿子的动作非常不协调，带来了一种"反差萌"的效果，从而引发观众捧腹大笑。

5．创意与特效类

在各种短视频平台上，不乏很多低调不愿意露脸的"大 V"，他们主要靠创意来取胜。创意的灵感来源有一个非常快捷的方法，那就是通过微信公众号来取材，自媒体可以多关注一些经常出爆款内容的公众号，可以从中直接拿过来当作自己的编辑素材，或者利用发散性思维添加自己的创意。那些可以引爆朋友圈的内容，在抖音上也能很快火爆起来。

同时，抖音官方也会经常举办一些"技术流"的挑战赛，鼓励用户向更高品质走去。用户可以学习达人的拍摄技巧，跟随音乐晃动镜头，或是像变魔术一样进行各种转场，拍摄出达人那样酷炫、自然的视频。

6．美景与旅游类

抖音上分析美景和旅游风光的短视频也非常多，能够激起大家说走就走的心灵共鸣，让很多想去而去不了的人产生心理上的满足感。对此，抖音官方也乐于推荐这些短视频，而且还推出了"拍照打卡地图"功能，同时发布了很多示范打卡地图，引导用户创作相关的作品。

随着抖音的火爆，很多"网红"景点顺势打造爆款 IP。例如，赵雷的《成都》这首歌里唱的"玉林路"和"小酒馆"等地点，让不少年轻人慕名前往。自媒体经济时代的到来，城市地标不再只是琼楼玉宇，它还可以是一面墙、一首歌、一座码头。

7. 演技派戏精类

"戏精"类内容是指主播运用自身的表演技巧和出乎意料的剧情安排，将品牌的特性完美展现。"戏精"类视频内容非常适合发起话题挑战，因为会吸引很多UGC(User Generated Content，用户原创内容)共同参与创作。

当然，要做好"戏精"，必须爱演，要能够放得开，在表演时也可以直接调用有意思的电视剧配音。如果不想真人演出，也可以模拟微信聊天、朋友圈的情景对话，或者添加一些小道具或者表情包来遮住脸部，都能给你的短视频加分。

8. "萌"法则不会错

广告里有一个 3B 法则：Beauty(美女)、Beast(野兽)、Baby(婴儿)，这三者最能吸引人的视觉注意力，并唤起人们强烈的情绪反应。当然，Beast(野兽)要区分一下，一类是凶猛富于攻击性的野兽，另一类则是可爱的小动物，比如猫、狗、兔等。在抖音上面，可爱的"萝莉"、小动物和婴儿的视频，也是非常火的一大类。

为什么这些内容会火呢？因为"萌"。最初，"萌"仅用来形容动漫中那些单纯可爱、犹如萌芽般的小萝莉，以表达对二次元美少女角色的类似恋爱的喜爱之情。后来"萌"从虚拟走向现实，又被用来形容真人、小动物和物品等。

9. 多传递正能量

在网络上常常可以看到"正能量"这个词，它是指一种积极的、健康的、催人奋进的、感化人性的、给人力量的、充满希望的动力和情感，是社会生活中积极向上的一系列行为。如今，短视频受到越来越严格的政府监管，同时各大短视频平台也在积极引导用户拍摄具有"正能量"的内容。只有那些主题更正能量、品质更高的短视频内容，才能真正为用户带来价值。

例如，"一禅小和尚"抖音号通过网络动画的形式记录了小和尚和师父的日常生活，在或搞笑或温馨的生活中领悟人生的真谛。小和尚喜欢问师傅问题，而师傅每次都会讲出一些道理，这其中就有很多正能量的励志语录，不仅可以帮助小和尚成长，同时还会引发观众的共鸣。

10. 炫特有的技能

在打造抖音内容时，你可以专注于一件事，然后把这件事做到极致，极致就能带来口碑，口碑在如今互联时代就能带来快速扩散，形成广泛影响力。技能表现在抖音和电视综艺节目上就是各种绝活，如叠衣服等。当然，很多技能绝活都是用户在工作和生活中，经过长期训练才能做到的，普通用户切不可轻易去模仿。

有句俗话"一招鲜，吃遍天"，欧阳修《卖油翁》也说了"无他，惟手熟尔"，因此只要你能把一件事做到极致，就会被他人所关注到，并扩散出去。炫技能的短视频内容，无论是在抖音，还是在西瓜视频，抑或在其他的视频平台，这种类型的视频都有很好的播放量。

105 五种内容形式助力营销

相较于其他内容形式，短视频明显是一种沉浸感更强的表达方式——它能拉近用户与品牌之间的距离，让用户进一步接受和认可产品，进而实现从用户向消费者转化的目标。那么，在以抖音为代表的短视频平台上，自媒体应该如何依靠短视频内容来引爆品牌营销呢？笔者将介绍五大类短视频内容，帮助自媒体解答这一问题。

1. 运用演技展现品牌特性

在抖音平台上，音乐是一个不可或缺的短视频元素，基于这一点，自媒体可以发挥平台优势和自身所长，做一个演技派，通过不凡的表演来展现品牌特性。

关于演技派的短视频内容打造，既可以是歌曲演绎，也可以是自创内容演绎，还可以采用分饰多角的手法。那些想要塑造和改变形象的企业或品牌，就可以通过这一类内容来充分展现。其效果将更加生动、形象，让受众印象深刻。图 10-4 所示为一家工艺品店的短视频案例。

图 10-4　一家工艺品店的短视频案例

该短视频中通过一个独臂女孩制作手串的表演，既展示了该主人公的身残志坚形象，又表明了产品精美、便宜的特性。

当然，自媒体采用这类内容进行品牌营销，还有一个很重要的考虑，那就是它适合发起挑战赛，吸引更多用户参与创作，从而实现人流的集聚和品牌营销。

2．运用特效展现产品特性

各个短视频平台上都安排了视频特效功能，自媒体可以通过这些功能来宣传与品牌和产品相关的信息，达到提升品牌认知和辨识度的效果。加入特效设置的品牌短视频内容，如果能让其与抖音达人挂钩——借助其原生影响力和标签——那么，让品牌的进一步彰显也就不再是一句空谈了。

3．直接利用产品实物植入

在短视频营销中，在内容中将实物产品软性植入到拍摄场景，或作为拍摄道具来直观展现，是一个提升营销效果的有效方法。图 10-5 所示为 papi 酱代言的 Moussy 品牌植入短视频案例。在该视频中，papi 酱所穿的 T 恤上显示了 Moussy 的品牌标识，作为拍摄的道具软性植入短视频中，没有一点违和感，达到推动品牌营销的目的。

图 10-5　papi 酱代言的 Moussy 品牌植入短视频案例

4．讲述故事加深品牌印象

故事类内容是品牌营销中经久不衰的实用方法，其原因就在于故事所带给人们的接地气的感觉——和用户共同感受故事所营造的氛围，引发互动和共鸣，并让人们在不知不觉间记住了品牌及其产品，加深了对品牌的印象。

其实，短视频内容中用故事来推广和营销产品的也不乏其例。那么，在利用讲故事的方法进行品牌营销时应该注意什么呢？在笔者看来，主要有两个方面需要考虑，如图 10-6 所示。

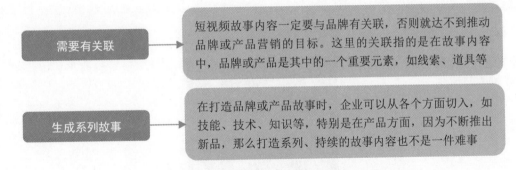

图 10-6 打造品牌营销的故事性短视频内容要注意的两方面

5. 利用动作直接体现产品

视频本身就是一个动的画面，利用这一特性，如果再在视频内容中通过肢体动作来表现品牌或产品的特征，就更能让受众印象深刻。

而且，动作一般是持续性的，因此，短视频中的一个肢体动作是极易引发受众联想的。另外，既然是用来宣传和推广品牌的动作，那么一定会有鲜明特征。

图 10-7 所示为制作手工粉条的动作类短视频案例。通过观看该短视频内容，用户会自然而然地想到粉条，从而实现产品的宣传和营销。

图 10-7 制作手工粉条的动作类短视频案例

106 视频发布的五个优化技巧

完成短视频的拍摄和编辑后，接下来就要发布短视频了。图 10-8 所示为"抖音短视频"App 的"发布"页面。

图 10-8 "抖音短视频"App 的"发布"页面

对于专门进行宣传推广工作的自媒体来说，通过短视频 App 进行视频的发布也是需要一定技巧的。这样才能让短视频的宣传推广效果得以优化，从而获得更多的播放量和点赞量。下面就以"抖音短视频"App 的发布为例，介绍如何设置才能让短视频效果优化。

1．设置视频标题说明内容

短视频作为一种内容宣传方式，其标题的设置同样重要。特别是对短视频这类除了标题外没有太多文字说明的内容来说，更是如此。它是自媒体自身思想传达的关键。可能有人会说，视频内容中有足够的声音和动作达到表情达意的作用，标题的设置也就不那么重要了。真的是这样吗？

其实，短视频毕竟很短——抖音上的短视频就只有短短的 15 秒，有些关键点用户可能不能全部理解。要想完整而丰富地表达出自媒体的思想内容，极有可能存在欠缺之处。在这样的情况下，利用点睛之笔设置一个优质的标题，能在很大程度上促进短视频内容的传播。

图 10-9 所示为"抖音短视频"App 上的短视频标题案例。

图 10-9 中的两个短视频，都是只有配乐没有原声的，此时设置标题已经成为必需的操作。图中的两个标题，一个是对生活中的一些充满正能量的现象和人发出感慨，另一个是对视频中的动作和目的进行描述，它们都清楚地体现了其所要表达的主题。

这样的内容也是受众喜欢的或是需要的，因而获得了不少的关注——这两个视频的点赞量达到了十几万或几万——可见，视频的内容和标题设置还是很成功的。

图10-9 "抖音短视频"App上的短视频标题案例

2. 插入相关话题促进推广

在如图10-8所示的"抖音短视频"App"发布"页面上，标题编辑框下方有两个选项，即"#话题"和"@好友"，这些都是能提升短视频标题效果的两个重要技巧，经常被自媒体运用到标题设置中。

自媒体如果想要在标题中插入话题，可以点击"#话题"按钮，此时标题编辑框中会出现"#"，然后输入关键词，页面上就会出现与关键词相关的话题，自媒体选择一个合适的话题，即可完成插入话题的操作。一般来说，在标题中插入与视频内容相关的话题，如主题、领域、关键词等，都是能提升短视频推广效果的。

3. 设置@好友促进推广

上面已经介绍在标题中插入"#话题"的相关知识，接着笔者将介绍另一种提升短视频标题效果的方法——"@好友"。

自媒体在进行设置时，首先应点击"@好友"按钮，进入"召唤好友"页面，此时该页面上会显示已经关注了的抖音用户，自媒体可从其中选择一个"@好友"对象。自媒体还可以在"召唤好友"页面上方的搜索框中输入关键词，点击"搜索"按钮，就可显示更多的与关键词相关的抖音用户。

在"抖音短视频"App中，在标题中设置"@好友"是一个比较常用的促进短视频推广和提高关注度的方法。图10-10所示为在标题中设置了"@好友"的案例。

图 10-10　在标题中设置了"@好友"的视频案例

自媒体选择"@好友"对象时,有两点需要注意:一是相关性,即"@好友"对象要与短视频有一定关联;二是"@好友"热度,应该选择那些粉丝比较多的抖音用户,然后利用优质内容吸引对方关注,从而吸引"@好友"粉丝的关注。

4. 设置地址唤起归属感

在"抖音短视频"App 浏览视频,有时会发现在视频左下角的抖音用户名称上方显示有地址信息。关于短视频的地址信息,自媒体可以在图 10-8 所示的"发布"页面中进行设置:自媒体只要点击"添加位置"下方的任意一个位置或点击右侧的 按钮进入相应页面进行选择即可。

为短视频内容添加位置,对于一些以地名为名称进行宣传或有着地域特色的抖音短视频(特别是一些旅游行业的短视频)而言,是一种非常有效的提升知名度和唤起用户归属感的好方法。

5. "谁可以看"管理分享范围

在"抖音短视频"App 的"发布"页面,自媒体可以选择短视频内容的分享范围,也就是在"谁可以看"区域点击 按钮进入相应页面,在"公开""好友可见"和"私密"中选择一项作为短视频内容的分享对象。

一般来说,自媒体会选择"公开"选项,让尽可能多的人看到,以便扩大视频的可能传播和宣传范围,而不是利用"好友可见"和"私密"来限制传播。

107　适合短视频营销的五大行业

上面介绍了如何拍好短视频的内容,那么哪些行业适合利用短视频进行营销呢?

这些行业想要利用短视频进行营销需要注意些什么呢？在此，笔者就以餐饮行业、日用品、文娱产品、旅游行业和汽车行业的短视频营销为例，进行具体介绍。

1. 餐饮行业：最容易打造网红餐饮

随着移动互联网和自媒体的兴起，餐饮行业也不断提升其发展层次和扩大其发展渠道，如团购餐饮、网红餐饮等的出现，就很好地说明了这一点。那么，在短视频这一形色兼备的内容形式大火的形势下，餐饮行业如何才能营销成功呢？

在笔者看来，自媒体应该从4个方面着手，具体分析如图10-11所示。

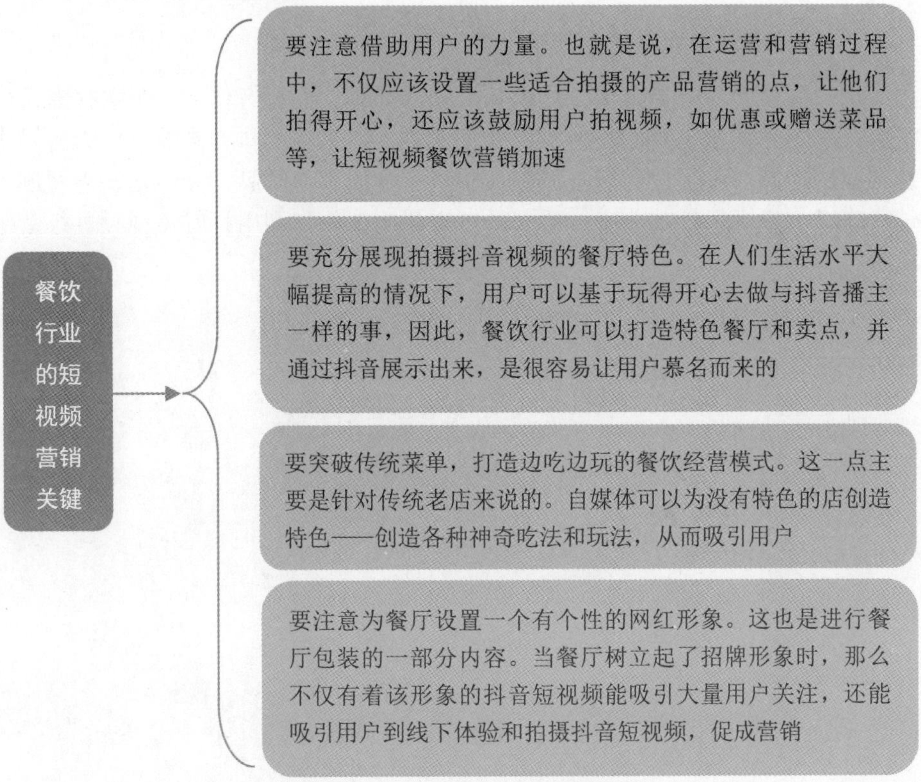

餐饮行业的短视频营销关键：

- 要注意借助用户的力量。也就是说，在运营和营销过程中，不仅应该设置一些适合拍摄的产品营销的点，让他们拍得开心，还应该鼓励用户拍视频，如优惠或赠送菜品等，让短视频餐饮营销加速

- 要充分展现拍摄抖音视频的餐厅特色。在人们生活水平大幅提高的情况下，用户可以基于玩得开心去做与抖音播主一样的事，因此，餐饮行业可以打造特色餐厅和卖点，并通过抖音展示出来，是很容易让用户慕名而来的

- 要突破传统菜单，打造边吃边玩的餐饮经营模式。这一点主要是针对传统老店来说的。自媒体可以为没有特色的店创造特色——创造各种神奇吃法和玩法，从而吸引用户

- 要注意为餐厅设置一个有个性的网红形象。这也是进行餐厅包装的一部分内容。当餐厅树立起了招牌形象时，那么不仅有着该形象的抖音短视频能吸引大量用户关注，还能吸引用户到线下体验和拍摄抖音短视频，促成营销

图 10-11 餐饮行业的短视频营销关键

2. 日常用品行业：最容易促进产品成交

相对于网红餐饮来说，用于营销日常用品的短视频其目标用户明显更多，其原因就在于产品的实用性和适用性。而利用短视频来展示日常用品，可以让其实用性更充分地体现出来。在笔者看来，日常用品的短视频营销要注意的关键点主要有两个，具体分析如下。

1) 充分体现实用功能

既然是日常用品,那么用户的关注点还是在"用"上,自媒体不仅要体现其实用性,更重要的是,要把实用性这一特点向更好、更方便的方向发展。例如,如果是日常的化妆用品,你的产品在实用性方面有哪些比别的产品更优越的方面,就是短视频要展示的重点,也是你的产品能吸引用户的优势所在。

2) 提供快速购买入口

很多用户在看到自己所需的生活用品时,如果实在喜欢,会忍不住与播主互动和要求购买。这时,如果能提供一个快速的购买入口,就能促进产品成交。

3. 文娱行业:最容易扩大营销优势

所谓"文娱",就是文化、艺术和娱乐活动等。而抖音作为一个主打音乐的短视频平台,在这方面明显要比其他平台更具优势。有很多的抖音热歌,成为备受人们欢迎和传唱的产品。除了在音乐方面外,文娱行业的其他产品,如综艺、电视剧等,也通过抖音大大提升了播放热度。那么,自媒体应该如何利用抖音短视频进行营销呢?在笔者看来,有 3 点必不可少,如图 10-12 所示。

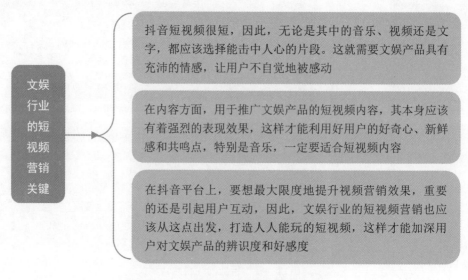

图 10-12 文娱行业的短视频营销关键

4. 旅游行业:最容易打通消费通路

随着短视频的出现,通过抖音、快手等平台,旅游行业有了新的发展希望,一些网红旅游景点开始出现,如重庆的"洪崖洞"、西安的"摔碗酒"等。其原因在于短视频为自媒体和旅游爱好者提供了高互动、低门槛的内容传播路径。

基于此,旅游行业应该抓住短视频营销风口,打造网红旅游景点,最终带动整个城市和地区的旅游发展。那么，自媒体应该如何做呢？在笔者看来，首先应该打通从娱乐流量到消费流量的通路，让用户转化为消费者。当然，这也是需要条件的——需要在抖音、快手等短视频平台进行营销宣传，具体分析如图 10-13 所示。

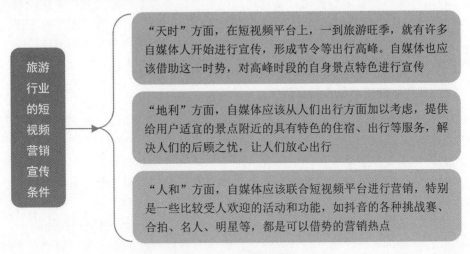

图 10-13　旅游行业的短视频营销宣传条件

除了图 10-13 中所介绍的三大条件外，自媒体还可以联合线下的其他相关领域进行营销宣传，以达到共赢的目的。特别是美食，对于热衷于吃的旅游爱好者来说，更是推动其把旅行念头付诸实践的利器。

5. 汽车行业：最容易吸引目标用户

大家都知道，30 岁以下的年轻人成为抖音平台新视频时代的消费主力，而这是与汽车行业的潜在购车人群高度匹配的。因此，利用抖音短视频平台进行营销，可以达到事半功倍的效果。当然，在短视频营销中，自媒体也应该掌握一定的技巧，这样才能让汽车行业的短视频营销效果更显著。具体内容如图 10-14 所示。

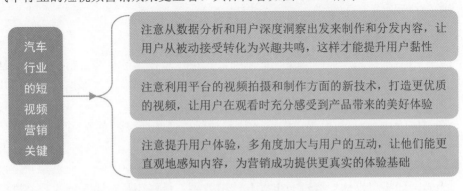

图 10-14　汽车行业的短视频营销关键

108 提高营销效果的七种玩法

利用短视频平台进行营销,是建立在符合时代环境基础之上的能够快速收获流量红利的营销方法。那么,自媒体应该如何利用好这一平台进行营销呢?接下来,笔者以抖音短视频平台为例具体讲述。提高营销效果主要还是在于产品和品牌的曝光与口碑打造。下面将基于这一总的策略方向,介绍七种营销玩法。

1. 自带话题的产品直接呈现

在抖音短视频平台上,自媒体应该根据自身品牌和产品的特点来选择呈现方式。大家都知道,抖音上的视频都比较短,要想在短短的 15 秒内让用户对品牌和产品产生兴趣,就需要视频至少有一个亮点。

对专门展示品牌和产品的短视频而言,自媒体可从两个方面打造亮点,一是从产品本身,二是通过视频进行侧面烘托前者,如果产品本身有亮点——或是本身有特色和趣味,或是自带话题性,那么即使直接展示产品,也是会吸引用户关注的。

总的来说,如果你的产品具有一定特色或具有话题性,那么可以通过直接展示的方法来促进销售。特别是一些经营电商品牌的抖音号,可以利用这种方法来进行产品推广——找到产品的卖点和特色并通过短视频展示出来,营销也就成功了。

2. 策划周边产品间接呈现

上面提及,除了直接展示有特色或具有话题性的产品外,还有一种方法能打造具有亮点的品牌和产品展示视频,那就是通过视频进行侧面烘托,以便制造话题和亮点,最终更加全面地展现品牌和产品。

在通过视频进行侧面烘托的展示方法中,自媒体所选择的展现在视频中的用于烘托的产品也需要注意,它必须与被烘托的产品有一定的关联。举例来说,如果短视频展示的是化妆类产品的一种,那么与其有关联的产品也应该是其他化妆类产品或能搭配的产品,如首饰、发带等。

3. 好的创意刺激更多需求

除了产品本身和产品侧面烘托展示外,在进行短视频运营和营销时也可以从产品的功能角度进行挖掘,找出更多对用户来说"有用"的内容,这样也能吸引用户的关注,扩大产品的需求范围。

图 10-15 所示为利用湿巾的盒子让薯片没吃完也不变潮的案例。该视频在展示 Lays 薯片和湿巾的同时,还挖掘了湿巾包装的额外用途。这个视频吸引了 8 万多人点赞。

当然,如果自媒体想要进一步提升营销效果,最好还是对要宣传的产品进行功能的挖掘。图 10-16 所示为延伸拖把旋转桶功能的案例。在该视频中，播主把衣服放在旋转桶中，然后再旋转拖把，可以把衣服拧干，取代了洗衣机的功能，从而对拖把旋转桶的功能进行了延伸。

图 10-15　利用湿巾的盒子让薯片没吃完也不变潮的案例　　图 10-16　延伸拖把旋转桶功能的案例

4．聚焦特色优势对比呈现

关于产品的营销，其要点就在于特色优势的展示。自媒体可以在 15 秒短视频中完全聚焦其优势进行宣传，如图 10-17 所示。

图 10-17　聚焦优势展示的抖音短视频案例

在图 10-17 所示的抖音短视频中，播主想要介绍的是一种名为 Line-X 的超强涂料，利用多个试验进行对比，突出了涂料的超强黏性和抗压力——无论是西瓜还是泡沫，都利用没有涂料之前的脆弱和涂上涂料之后的抗摔与抗压，充分展示了该涂料的优势，实现了宣传产品的作用，为产品营销打下基础。

5. 借用场景提升宣传效果

在进行短视频产品营销时，一般有两种情况：一是与产品相关的场景宣传，如制作场景、使用场景等；二是产品的特定场景植入。这两种借用场景的方法都是在视频营销中比较常见的，自媒体可以借鉴并学习。

1) 与产品相关的场景宣传

在短视频运营中，如果能把制作产品的过程和场景展示出来，或是介绍产品的使用场景，这样更能增加内容的说服力，让用户放心购买。当然，在展示与产品相关的场景时，也是有选择性的：如果是一些手工产品，那么最好选择其制作场景进行展示；如果是一些生活用品，最好把其功能和使用场景展示出来。

2) 产品的特定场景植入

这一方法在电影、电视剧中很常见，是很多企业和商家乐意选择的营销宣传方式。即在进行营销宣传时把产品软性植入拍摄场景中或是把产品当作拍摄道具使用。

6. 打造营销盛况侧面烘托

有时候，商家和企业不会直接说自己的产品有多么好，而是通过产品营销的火爆来侧面烘托出这一点，如排队购买、卖断货等，营造良好口碑，且更有利于说服受众，如图 10-18 所示。

图 10-18　通过产品营销火爆来营造口碑的抖音短视频案例

图10-18所示的两个短视频中，前者通过40℃下排队也要吃火锅的盛况来侧面烘托该火锅店产品的好，后者通过在文案中"双十一卖断货了，现在通宵加班补货，希望买家不要退款……"说明家具极受欢迎，并通过视频画面中忙碌的工作场面来强调这一点，从而侧面说明了家具口碑还是很好的。

7. 展示日常宣传品牌文化

对用户来说，他们更愿意选择大品牌、大企业的产品，为什么呢？除了产品在质量和服务上有保障外，未必不是企业文化影响的结果。一般来说，形成了知名品牌，也就慢慢形成了其自身的企业和品牌文化。

而大企业正是凭借着形成的文化底蕴，让用户心里有了固有的认知，让其品牌和产品的辨识度也随之大大加强。对用户而言，他们心里也有着一份文化归属，如时尚、创新、休闲等，用户也更加愿意购买符合自身归属的产品。

基于这一点，短视频自媒体可以不断更新内容，塑造企业和品牌形象，传播企业和品牌文化，让品牌及其文化扎根于用户心底。就文化的打造和传播而言，小米公司就做得很成功——它通过其抖音账号之一"小米员工的日常"发布视频来展示企业和员工日常，全面呈现出其员工之间的平等和伙伴似的关系，以及崇尚的创新、快速等互联网文化，如图10-19所示。

图10-19　展示小米企业文化的抖音短视频案例